U0820894

知识生产的原创基地
BASE FOR ORIGINAL CREATIVE CONTENT

颉腾商业
JIE TENG BUSINESS

THE OBSTACLE IS THE WAY

THE TIMELESS ART OF TURNING TRIALS INTO TRIUMPH

障碍是道路

[美] 瑞安·霍利迪（Ryan Holiday）◎著
[加] 檀林 王婷婷◎译

华龄出版社
HUALING PRESS

图书在版编目（CIP）数据

障碍是道路 /（美）瑞安·霍利迪著；（加）檀林，王婷婷译 . -- 北京：华龄出版社，2024.6

书名原文：The Obstacle Is the Way

ISBN 978-7-5169-2770-0

Ⅰ. ①障… Ⅱ. ①瑞… ②檀… ③王… Ⅲ. ①斯多葛派—哲学理论 Ⅳ. ① B502.43

中国国家版本馆 CIP 数据核字（2024）第102360号

策　划	颉腾文化		
责任编辑	貌晓星　李梦娇	责任印制	李未圻
书　名	障碍是道路	作　者	[美] 瑞安·霍利迪（Ryan Holiday）
出　版 发　行	华龄出版社 HUALING PRESS	译　者	[加] 檀林　王婷婷
社　址	北京市东城区安定门外大街甲 57 号	邮　编	100011
发　行	（010）58122255	传　真	（010）84049572
承　印	文畅阁印刷有限公司		
版　次	2024 年 6 月第 1 版	印　次	2024 年 6 月第 1 次印刷
规　格	880mm × 1230mm	开　本	1/32
印　张	7	字　数	145 千字
书　号	ISBN 978-7-5169-2770-0		
定　价	79.00 元		

Praise

行业赞誉

这是一本值得未来和现任领导者用心阅读的枕边书。

——罗伯特·格林（Robert Greene）

《权力的 48 条法则》的作者

受马可·奥勒留和斯多葛主义哲学的启发，瑞安·霍利迪写了一本内容精彩且引人入胜的书，远远超越了他的实际年龄。书中教导我们如何应对生活中的逆境并将消极变为积极。这是无价之宝。

——弗雷德里克·布洛克（Frederic Block）

美国联邦地区法院法官

我的生活充满了障碍。我需要不断地实践（和遭受痛苦）来克服它们并取得成功。瑞安的书就是这方面的指南。

——詹姆斯·阿尔图切尔（James Altucher）

企业家、投资人、作家，《重塑自我》的作者在这本情节紧凑、引人入胜的书中，瑞安·霍利迪指引我们在通往美好前沿生活的道路上大放异彩。通过展示如何将失败、障碍和平淡无奇的日常挫折转化为我们的优势，他提供了许多易于操作的策略，我们每个人都可以将这些策略付诸实践，实现我们的梦想。阅读它，从中学习，然后尽快开始！

——南希·科恩（Nancy Koehn）

哈佛商学院历史学家和领导力专家

如果有专门为绝地武士设计的口袋手册之类的书，那么这本书就是。瑞安·霍利迪在《障碍是道路》中浓缩了自我掌控的永恒技巧，从亚历山大大帝到马可·奥勒留再到史蒂夫·乔布斯，哲学家和实干家采用这些技巧来征服世界。遵循这些戒律，你将彻底改变你的生活。正如霍利迪先生所写："这很简单，但并不容易。"赶快阅读这本书吧！

——史蒂文·普雷斯菲尔德（Steven Pressfield）

著名编剧和小说家，《艺术之战》和《火之门》的作者

先是马可·奥勒留，然后是腓特烈大帝（Frederick the Great）……现在轮到你了。这本令人惊喜的书向你展示了如何拥抱障碍、拥抱挑战来创造美好的生活。

——克里斯·吉尔博（Chris Guillebeau）

《100 美元创业》的作者

任何想要变得更好的人都应该阅读这本精心编写的好书。

——卡迈勒·拉维坎特（Kamal Ravikant）

《让爱自己变成好习惯》和《活出真实的自己》的作者

瑞安·霍利迪教会我们如何召唤最好的自己。我们大多数人一生都在逃避困难的事情。霍利迪揭露了这种生活方式的悲剧性谬误，指引我们了解斯多葛学派的哲学，这些永恒的教诲帮我们走出恐惧，摆脱困难和不知所措，取得胜利。

——莎伦·勒贝尔（Sharon Lebell）

著名作家和哲学家，《生活的艺术》的作者

Foreword

推荐序

如何在3分钟内解决你的焦虑?

“不要让你对人生的忧虑压垮了你,”马可·奥勒留说,“不要让所有有可能发生的坏事情填满你的大脑。专注当下,问问自己为什么如此难以忍受、无法解脱。”书里的这段话打动了我。

多年前,我陷入了对生活的极度焦虑和对自我的不断批判中,这也是我最早开始了解斯多葛学派的一个契机。马可·奥勒留的很多话语,对当时的我有很大的帮助。

过去三年,我也经历了各种心情的起伏,焦虑、恐惧、怀疑的情绪并不少见。每当我再次经历这些的时候,我总是会深呼吸几口气,放空我的大脑,然后问自己:“请感受一下,当下是否有什么问题?”通常这个时候,我会惊奇地发现,其实什么问题也没有。于是,心情恢复到原先那种平静的状态。

这是我郑重推荐斯多葛学派的这本书的真实原因。从我个人的经历来说，它给予了我一个更好应对外界不确定因素的工具。

斯多葛学派有一个著名的三分论，即把世界上一切事物都分成三种：第一种是你完全不可控制的，比如明天的天气；第二种是你以为你能控制，其实并不一定能控制的，比如你的身体状况，你所做事情的走向；而最后一种才是你真正完全可以控制的，那就是你对待生活的态度。

换句话说，斯多葛学派的一个核心思想就是，我们要学会不依靠外部因素，当我们可以掌控对待生活的态度时，我们才能真正掌握自己的幸福。就像书中说的，学会有勇气地生活在当下这个不确定性极大的环境下，实际上是件不容易的事情，而这看似不容易的事情却是我们摆脱困境的一个意想不到的路径和方向。

面对困境，人们通常会有两种选择：一是陷入各种负面情绪中，耽误很多时间，无法做出明智的抉择；二是积极地去思考并开始寻找解决办法。在我的书《破圈：如何突破认知局限》里指出，由于我们的习惯性思维模式和情绪模式，当遇到意外或者不顺的情况时，陷入负面情绪成为我们习以为常的模式，因此重复这个模式是很容易的，也因此变得常见。而采取上述第二个选择，停止负面情绪，积极地开始行动，反而是一件极度需要勇气的事情。在这种情况下，书中对于勇气的阐述，就格外具有意义。

但勇气并不是终局，在我看来，勇气是一种帮助你达成目标的有效工具。过去一年多的时间里，我有时会去一些朋友的公司帮他们做被裁员人士的职业后续规划辅导。不少人在被裁员后态度非常悲观，因为他们会觉得很多大公司也在裁员，工作肯定不好找。这时，我就会分享我的一名学员的故事。

这名学员原本在体制内任职，他想换一份互联网产品的工作，于是他花了一年多时间投了1000多份简历，最后只拿到了两份入职邀请。他其实需要非凡的勇气去面对一次次的拒绝，但他坚持的秘诀就是，当情绪低迷或者受挫时，他就会打开手机，再投5份简历，然后心情就没那么糟糕了。这就是一种把负面情绪转化成行动力的有效方式。

就像本书中所说：主动行动是一个有效的真理。如果你不相信你能做到，你害怕它，你就很有可能真的做不到；如果你认为事情不会发生，它就不会发生，至少不会发生在你身上。古希腊著名军事家色诺芬有一次被困在波斯中部，当时他还只是一名普通的雇佣兵，但他召集起那些开始绝望的人，解释了上述类似的说法。他说，我们可以在两种态度之间进行选择，一种是我会遭遇什么，另一种是我要采取什么行动。

如果就缓解焦虑和负面情绪的实际应用性来说，我觉得在众多斯多葛学派的内容中，没有什么比色诺芬提出的这个二分法更值得我们借鉴和学习。我把它称为让一个人可以在3分钟内解决焦虑的方法。因为你会认识到，这个二分法推论下去，无非就四种答案。

1. 我会遭遇到负面情况：持续去想只会让自己痛苦，不如不想。

2. 我会遭遇到正面情况：不会让我痛苦，那么可想可不想。

3. 我没有任何可以采取的行动：索性就放下，做其他事情。

4. 我有可以采取的行动：立刻去做吧。

当你分析完以上四种答案后，通常也就没那么焦虑了。

请你思考一下你当下面临的困境，然后问自己，我要采取什么行动？

然后，充满勇气地去做吧！

顾及

天使投资人、真格学院前院长

《破圈：如何突破认知局限》作者

Preface

译者序

现代斯多葛：创业者的人生哲学还是精英的心灵鸡汤?

哲学给你不可想象的力量来对抗命运的锤打。

——塞涅卡

斯多葛哲学源于一场意外

传说在公元前 304 年，一个名叫芝诺的染料商人在爱琴海遭遇海难，他在雅典附近被冲上岸，捡回了一条命，不过却损失了所有的财产。这次海难的经历让这个商人有所感悟——与不幸擦肩而过，使他产生了在无法控制的世界中进行自我控制的想法。

据说，有一天芝诺坐在雅典的书店里，阅读着一百年前雅典哲学家苏格拉底的对话录。他被这些睿智的思想所吸引，于是问售书员，哪里可以找到像苏格拉底这样的人。刚好犬儒主义者克拉特斯路过书店，售书员就指向克拉特斯，说道：“跟着那个人。”

芝诺跟随克拉特斯学习了一段时间后，又选择跟随其他哲学名师学习。几年后，约公元前 301 年，他开始创立自己的哲学流派。很快，他和他的助手们就聚集在雅典的一个门廊（Stoa Poikilê）周围开始讲学，这个门廊就是位于雅典市中心著名的“绘画柱廊”（Painted Porch），斯多葛主义由此诞生。斯多葛学派视苏格拉底为“祖师爷”，以他为榜样。

该学派在公共场所讲学，任何人都可以聆听，因此斯多葛哲学既适用于专业人士，也适用于普通大众，有点儿像“街头哲学”。

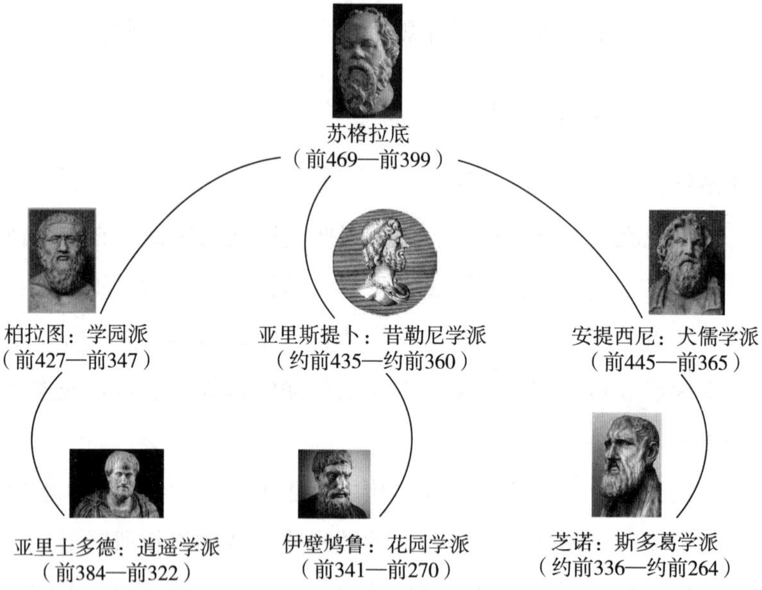

斯多葛学派的缘起

斯多葛学派认为,人们自觉地服从“逻各斯(logos)”和“命运”，就是服从自己的理性和实现自己的本性，这就是他们所理解的“自由”。与隔壁的伊壁鸠鲁学派把快乐等同于幸福的观点相反，早期斯多葛学派主张美德就是幸福，他们认为，只有顺应自然、服从命运才是道德的生活，也才是幸福的生活。因此，人生在世应当通过理性摆脱一切喜怒哀乐的情绪的纷扰，对于现实世界采取一种清心寡欲的生活态度。

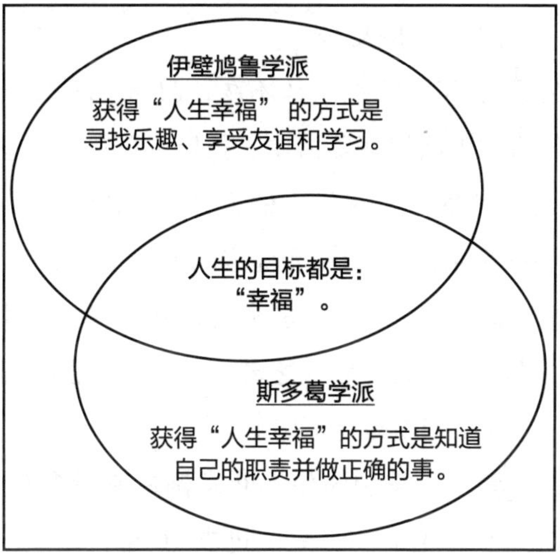

斯多葛学派和伊壁鸠鲁学派的差异

此后，芝诺的自我超越学说在罗马帝国时期更加发扬光大，下至奴隶出身的爱比克泰德，上至尼禄皇帝的老师塞涅卡和罗马五贤帝之一的马可·奥勒留，都是重要的斯多葛学派传人——最终，两千多年后，一位名叫瑞安·霍利迪的畅销书作家(曾经也是一位遭遇挫折的“商人”)接过了芝诺的衣钵，成为“现代斯多葛主义”的主要推动者。

“现代斯多葛主义”的复兴

早在 2009 年，刚刚工作不久，21 岁的瑞安·霍利迪给当时很著名的“生活黑客”博主、投资人蒂姆·费里斯（畅销书《每周工作 4 小时》和《巨人的工具》的作者）投了一篇文章，题目是《斯多葛主义 101：企业家的入门指南》。

瑞安·霍利迪认为，斯多葛主义中有一些东西与“企业家/创业者”的心态有关。他说芝诺是“一位企业家”，是“一个试图在现实世界中闯出自己道路的人”。

此后，瑞安·霍利迪便不断发掘古典斯多葛学说的思想，作为指引企业家生活的工具。过去 10 年，瑞安·霍利迪从出版畅销书《斯多葛主义沉思录》和《每日斯多葛》开始，又写了多部旨在向现代读者传播“斯多葛主义核心美德”的图书，形成了一个系列，如《勇气在召唤》《障碍是道路》《自律即命运》《自我是敌人》《沉静是关键》等。这些介绍斯多葛思想的图书销量高达数百万册。他自己也没有想到，一个两千多年前诞生在雅典城市广场的柱廊里的古老哲学，居然还能在当今重获辉煌！

此外，瑞安·霍利迪还经营着一个名为“每日斯多葛”（Daily Stoic）的热门网站（还有一个视频频道），他每天向数十万人发送关于斯多葛修行建议的电子邮件，其中包括参议员、亿万富翁和普通人。瑞安·霍利迪还为TED、硅谷企业、NFL球队、海豹突击队和政府机构做演讲，传播现代斯多葛思想。他的想法很简单，也很有效：用一些历史名人的故事来诠释古代思想家的作品精华，并为没有时间去研读经典的、忙碌的现代人提供“精辟的建议”——作为指导生活哲学实践的窍门。

瑞安·霍利迪与蒂姆·费里斯一起，是现代斯多葛主义的双旗手。

蒂姆·费里斯与瑞安·霍利迪联手推动现代斯多葛主义发展

在两位对斯多葛思想的诸多书籍、播客内容和演讲等开展立体化推广后，斯多葛哲学就首先在硅谷的初创企业中流行开来。从2012年起，还形成了一个“斯多葛周”的企业家精修会和每年的“斯多葛大会”（Stoicon）活动，在疫情期间也未间断，而且每年来自全球的参会人数还在增长。

STOICON 2022

一年一度的斯多葛大会，已经连续举行11届

我在2015—2019年期间经常去硅谷。有一年10月，我随一位硅谷的朋友参加了湾区的一个Stoicon-X的活动。活动在圣何塞的一个小图书馆里举行，几十个参会者坐在一张桌子旁，一张硕大的银河系的照片投射在正面的屏幕上，其中一位成员分享他在创业过程中的心路历程，形容自己经常迷失在茫茫的“星辰大海”之中，不确定自己的生活该何去何从。他介绍说，创业的艰难和不确定性让他不得不重新思考人生，最终，他找到了斯多葛主义——**这不仅是一种生活的算法，也是一个人性操作系统**，能够让人在高焦虑环境中保持成长——这句话给我的印象很深。他的演讲中没有太多关于斯多葛思想的系统化介绍，但有很多他称之为“每日斯多葛”的金句，例如“**爱你所过的生活，过你所爱的生活**”，以及“**行动之阻推动行动，道路之阻铺就大道**”。（我后来才知道这些都是马可·奥勒留在《沉思录》中的名言。）

我当时觉得既兴奋又惭愧，兴奋的是第一次近距离地感受到了斯多葛主义作为一个古老的、经久而不衰的，还可以践行的生活哲学的魅力；而惭愧的是被诸多前辈极力推荐过的《沉思录》却还一直没有读过。

在交流的时候，我问过这些硅谷创业者、工程师是怎么接触到斯多葛思想的。令我吃惊的是，他们都告诉我同一个故事："我看到了瑞安·霍利迪的作品"或者订阅了瑞安·霍利迪的电子邮件和播客，只有很少的人读过斯多葛学说的经典原著。

我继而又问，谁是硅谷当下最著名的"斯多葛践行者"呢？工程师们都指向了同一个人——推特创始人杰克·多尔西。他用一套"自寻不适"（Voluntary Discomfort）的方法（注意，不是"自寻烦恼"）为他的斯多葛修炼拉满了人设，如：

- 工作日每天只吃一顿饭（过午不食）。
- 周末完全断食。
- 每天早晨洗冷水澡。
- 无论晴雨坚持每天步行 5 英里[①] 上班。
- 每年进行一次为期 10 天的摒弃任何电子设备干扰的静默冥想……

杰克·多尔西这种"自寻不适"的"一箪食、一瓢饮"的极简斯多葛苦行僧般的生活方式很值得钦佩，却不容易模仿，但并不妨碍其理念在硅谷的精英圈里越来越流行。这个现象本

① 1英里≈1609米。

身就很有意思，我们是应该把它解读为精英们朝乾夕惕、磨炼心性的自我成长方法，还是又一种个人形象的品牌包装，抑或是令人费解的虚伪呢？

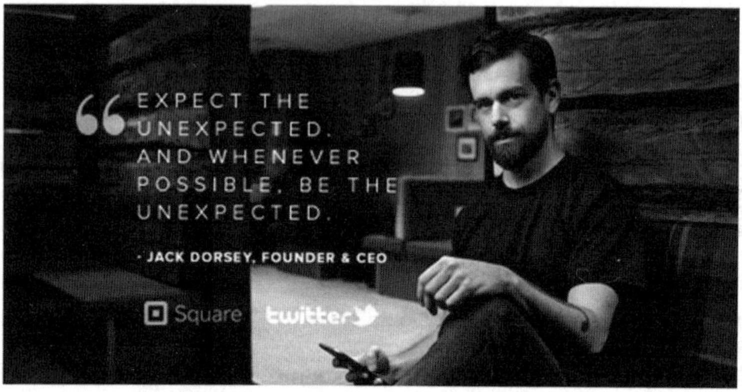

推特创始人杰克·多尔西

为什么现代斯多葛主义会在硅谷流行？

我知道，很多硅谷精英，如曾经的乔布斯，都将世界问题的探索和解决方案与个人的修行问题关联起来。关键是你选用什么方式修行。在20世纪六七十年代，硅谷流行的是铃木俊隆跨海西传的禅宗；到了20世纪90年代又开始流行瑜伽、正念和冥想；而有着理性内核的现代斯多葛主义毫无疑问地成为当前最契合硅谷人群气质的最新修炼法门。正如霍利迪所说，他的斯多葛主义形式是以硅谷独特的习语呈现的自助形式，强调个人优化和自我主宰。“追求美德是自我完善的艺术，强调感悟而不是理性思考的东方哲学思维，你很难让它们在2019年的旧金山发挥作用，但斯多葛主义很适合。”

我认为，现代斯多葛主义能在硅谷复兴，还有一个非常重要的原因，那就是加州是美国最世俗的州，无论是在硅谷还是在好莱坞，到处都是以身为无神论者而自豪的年轻人，加州的这种气质不像美国东部和南部那些清教徒传统更为悠久的州。在西方身份的建构中，古希腊、古罗马文化长期以来一直是基督教的替代选择。任何认为自己是无神论者，并且不想提及基督教传统的人，都会自然而然地倾向于将自己置于古希腊、古罗马传统之中。

但其实，斯多葛学派也不能算是无神论者，他们是泛神论者，秉承的是一种一元论的世界观，有点类似我们所说的“天地万物皆有灵”，这种世界观在表面上似乎与现代世界更相容。在我看来，这部分是由于当代对古典斯多葛主义的重建。尽管斯多葛学派认为只有物质现实存在，但他们都服从神圣的理性和秩序。对于这些思想者来说，宇宙是一个有机的整体，是一个生命体，在高度“理性”之上还有“灵性”的统摄，在这种“万物有灵”的思维框架下，科学只能用来理解世界，人们还需要用哲学来指引生活，必须依靠德性，顺应自然才能获得幸福——这就让西方古老的斯多葛学说也能和东方的佛教和道教思想兼容。有人说斯多葛就是“低配”版的佛教——减去了轮回。

斯多葛主义者认为人生的目标在于追求幸福，而幸福在于美德，因为美德是一种使整个生活变得和谐的精神状态，而不是什么外在的物质性的拥有。斯多葛主义者相信美德是与生俱来的，是我们个人软、硬件的一部分。

斯多葛主义强调 4 个“枢机美德”，分别是“勇气、智慧、正义和节制”，而且“勇气”是诸美德之首，是用来保障其他美德能够真正彰显的关键。这个主张倒是非常“硅谷”。

《创业维艰》的作者，也是硅谷著名投资机构 a16z 的合伙人本·霍洛维茨，他就认为创始人最重要的品质是“智慧”和“勇气”。“智慧”是选择最优行动路线的能力，而“勇气”是战胜恐惧，坚持独立判断的能力。《从 0 到 1》的作者，硅谷著名投资人彼得·蒂尔也说过“**聪明的想法是稀有的，但勇气比天才更稀缺**”。

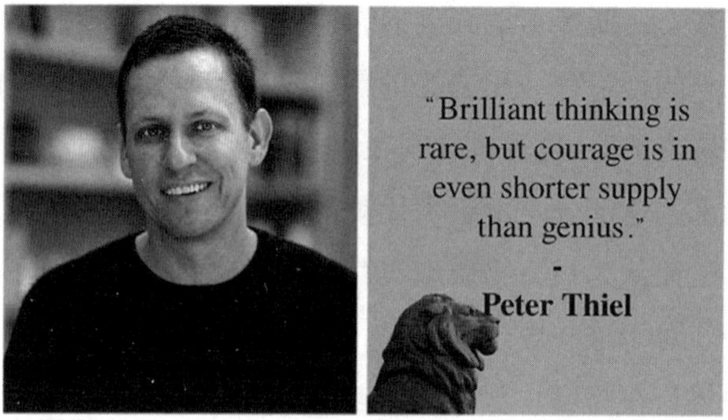

彼得·蒂尔

揭发 Uber 性别歧视的软件工程师苏珊·福勒说，她就是从斯多葛学说中找到了挺身而出的勇气。具有讽刺意味的是，最近获刑 11 年的、《坏血》一书中所揭露的伊丽莎白·霍姆斯在她的血液检测公司最后崩溃时刻，手里也是拿着一本马可·奥勒留的《沉思录》。

在硅谷之外的现代斯多葛主义者还有谁？

在硅谷之外，很多关于斯多葛主义的讨论帖和学习小组也有越来越多的活跃度。例如，我认识的一个论坛——纽约市斯多葛学派，他们非常刻意地与技术风格的硅谷斯多葛“阿呆们”保持距离。他们将硅谷这种完全以个人成功为导向的运动称为“$toicism”——用美元的符号 $ 代替“S”。

这些纽约市的斯多葛主义者是一个非常多元化的群体。他们更学术化，如经常讨论法国哲学家皮埃尔·阿多和其他关于斯多葛学派的学术著作。还有一些讨论小组，人们通过诉诸斯多葛学派的思想来互相帮助。例如，如果有人正在经历丧亲之痛，他会发布一条消息，人们会通过强调将死亡理解为自然事件而不是悲剧的重要性来回应。按斯多葛学派的说法，你人生中的一切都是向命运女神借来的，有一天命运女神将你的挚爱带走，你也无须感到过度悲哀，而是要勇于接受，战胜自己的情绪，同时正好借这个考验来检查一下自己的品格，获得内在的宁静。

法国当代哲学家皮埃尔·阿多

这些斯多葛互助社群不会主动询问个人信息，但他们会就事论事，无论是悲伤、失去友谊、关系问题，还是伴侣的依赖，他们都会直接说出建议和看法。这些在线社区中盛行的友善和建设性的思维给我留下了深刻的印象。他们是心理支持团体，但基于斯多葛学派的建议——利用哲学的力量来对抗命运的锤打！

现代斯多葛主义的“产业化”

关于斯多葛主义的操作指南很受投资人和科技企业家的欢迎，尤其是自我优化大师。硅谷或华尔街的人对斯多葛主义着迷的原因之一，可能是他们都对成功更着迷。斯多葛为他们提供了一位可以参考的榜样，即罗马皇帝——马可·奥勒留，他是他那个时代最有权势的人之一。一个拥有如此影响力的“哲人王”对管理者来说是一个很有吸引力的灵感来源。

古代的斯多葛学派强调人要为自己的品格负责，而当今硅谷的斯多葛学派将其转化成要为自己的成功负责。那是不是硅谷已经将斯多葛思想“鸡汤化”了呢？可能走得还更远，硅谷著名的孵化器 Y Combinator 孵化了一个就叫“Stoic”的 App，号称“哲学引导的心理健康的日课工具”。但不知道是不是为了便于传播，居然采用了“游戏化”的方法来推广其功能，用户在 App 里会听到视频游戏的声音宣布你今天的修炼又达到了一个新的水平：“你已经成为圣徒！”“你赢得了生命”……斯多葛修行成为一场游戏！

我的硅谷朋友半调侃地说道:“你看，这就是硅谷，能把正念、冥想和瑜伽都变成产业，也没有什么能阻挡硅谷把斯多葛哲学商品化,如果这有助于他们变得更富有或成为更好的商人。”毕竟，斯多葛学说中的许多元素都适合转化为现代管理的行话，充实企业家自我优化的工具箱。例如，在所有的指南中，你会发现我们不应该因失败而气馁，而应该在保持冷静和坚忍的同时坚持不懈。如果你想更“积极地”管理你的失败，你可以应用斯多葛哲学来这样安慰自己——凡事尽力而为，别计较结果，也许，你只需要启动下一个初创公司!

无论是正念、冥想还是现代斯多葛的各种秘籍，所有这些指南的商业模式始终相同——提高人们的效率并激励他们。所有这些实用指南也试图同时在修复硅谷精英们的形象。我认为瑞安·霍利迪式的现代斯多葛主义本质上就是一种“品牌营销”。事实上，他主要的读者群就是企业家（商人）和投资人。只不过，时代的大背景有了变化，企业家想从其销售的产品中赚钱，但他们需要将这些产品包装成为有意义的生活方式的一部分来展示，这样才能为品牌赋予高格调。他们不再像老派资本家那样收藏跑车，而是住在乡下的农场，每天早上到小溪边或林间漫步。通过这样做，他们试图创造存在感的深度幻觉。人们的心理痛苦其实还是来自他们的工作环境，我们的解决方案不是推动新的法规，而是让人们在晚上打坐。

住在农场里推广现代斯多葛主义的瑞安·霍利迪

这种现代斯多葛主义具有明显的“实用主义哲学”风格。虽然古典时代的斯多葛学派教导说“美德是唯一的善”，但现代斯多葛学派似乎更注重利用古老的学说来做更有效的社交媒体品牌管理。

但值得赞扬的是，现代斯多葛主义的领军人物之一瑞安·霍利迪似乎真的在为给这个焦虑的世界提供斯多葛学派工具而苦苦挣扎。他的博客文章提供了关于现代人如何通过古代斯多葛学派的教导来改善生活的宝贵见解，其中包含人们可以在日常生活中实践斯多葛主义的九个练习，超越了“自我完善”的陈词滥调。

然而，瑞安·霍利迪在他的现代斯多葛系列丛书中对高成就者的关注表明，重点好像并不是为了培养美德本身，而是为了美德带来的潜在回报。从这个意义上看，现代斯多葛主义只是另一个生活方式品牌。

最后，让我们咀嚼一下瑞安·霍利迪在乡间农场给“现代斯多葛”下的定义：

“没有更好的斯多葛主义者定义——拥有但不想要，享受而不需要。”

怎么品都好像“凡尔赛”感十足！

檀林

海创汇首席生态官

北京大学汇丰商学院创新创业中心实践导师

Contents

目录

第二章　行动

第三章　意志

Preface

前言

公元 170 年，罗马帝国皇帝马可·奥勒留身处日耳曼战争前线的帐篷里，他坐下来开始写作。可能是在黎明前罗马的宫殿里，可能是在赛场中，他无视斗兽场上的厮杀,利用偷闲的几秒钟的时光。确切在哪里并不重要,重要的是,这位在今天被称为“罗马五贤帝中最后一位”的皇帝，随时可以开始写作。

他不是写给读者的，也不是为了出版，而是写给自己的，完全为了他自己。我们在生活中可能遇到各种各样的消极情况，他所写的无疑是有史以来克服这种情形最有效的方法之一。这是一套积极向上的准则，不仅适用于应对任何问题，也可以指引我们面对这些问题背后的原因。

当时他仅写了一段文字，而其中只有一小部分是他原创的。几乎每一个想法都可以在他的导师和偶像的著作中追溯到某种表达。但在这短短的 85 个字中，马可·奥勒留非常明确地定义和阐述了一个亘古不变的思想，这使得他之前的那些伟大的名字都黯然失色：克律西波斯、芝诺、克里安西斯、阿里斯顿、阿波罗尼奥斯、朱尼厄斯·罗斯提克斯、爱比克泰德、塞涅卡、穆索尼乌斯·鲁弗斯。

这对我们来说已经绰绰有余了。

我们的行动可能会受到阻碍……但我们的意图或性情不会受到阻碍。我们可以随时适应和调整。我们的头脑能够适应和克服障碍，将障碍转化为实现目标的工具。

他强有力的总结成了箴言。

行动之阻推动行动。

道路之阻铺就大道。

马可将这个秘诀描述为“颠倒障碍的艺术”。使用“逆向条款”行事，总会找到一条出路或者发现另一条路线可以到达你需要去的地方。那些挫折或者问题终归会被解决。阻碍我们的东西最终赋予我们力量。

这些话绝对不是空话。马可在位的19年里，他经历了持续不断的战争、可怕的瘟疫、各种不忠、一位他最亲密的盟友企图篡位，他反复而艰辛地在帝国跋涉——从小亚细亚到叙利亚、埃及、希腊和奥地利，还有迅速枯竭的国库、作为共同皇帝且无能贪婪的继兄弟等。

据我们所知，他确实将这些障碍中的每一个都视为机会，培养各种美德：耐心、勇气、谦逊、足智多谋、理性、正义和创造力。他似乎从来没有被手中的权力冲昏头脑，也没有因此遭受过度的压力或负担。他很少失控或者愤怒，也不仇恨或者怨恨。正如散文家马修·阿诺德[①]在1863年所说，在马可身上我们看到一个人拥有世界上最至高无上和最有权势的地位，而他周围的人普遍认为他能证明他配得上这些。

事实证明，马可·奥勒留在那段文字中表现出的智慧也可以从其他人身上看到，他们像他一样遵循这些原则。事实上，这种智慧在历史长河中一直保持着惊人的恒定。

我们可以看到，这种智慧起源于罗马帝国衰落的时候，贯穿了创造性迸发的文艺复兴时期，经历了启蒙运动。我们也可以从美国西部的开拓精神中，从南北战争期间工会事业的坚持不懈中，以及工业革命的喧嚣中清楚地看到这一点。当下，它已经融入硅谷企业家的DNA中。

这种哲学智慧是白手起家者的动力，是那些身居要职或遭遇大麻烦的人的救命稻草。在战场上或者董事会的会议室中，跨越大洋，跨越时代，各种群体成员——无论性别、无论阶级、无论初衷、无论处于什么样的企业中——都不得不面对各种障碍，努力克服障碍，并要学会将这些障碍反转。

我们在一生中要经历永不停息的挑战。不管我们意愿如何，

---

① 马修·阿诺德（Matthew Arnold，1822－1888），英国近代诗人、评论家、教育家。他的父亲托马斯·阿诺德为著名的拉格比公学校长。他曾是牛津大学奥里尔学院的研究员。——译者注

都不可避免接触这个古老智慧，利用它来驾驭机遇、应对困难、通过考验并取得胜利。

我们是这一智慧的合法传人。这是我们与生俱来的权利。无论我们现在面临什么，我们都要做出一个选择：我们是被障碍阻挡住，还是会越过障碍前进？

尽管我们不是皇帝，我们仍然不断地被这个世界考验着。它问道：你配得上这一生吗？你能克服那些阻碍你的事情吗？你会振作起来证明自己吗？

很多人对这个问题给出了肯定的回答。还有极少的一部分人，他们不仅展示出所需的特质，而且经历过每一次挑战后，他们都能茁壮成长并团结起来。面对逆境、面对挑战，他们变得更好。

现在轮到你了，你是不是他们中的一员，你是否会加入他们的行列？

这本书会为你指明方向。

Introduction

导言

这些统统堆在了你面前。这样的问题，这个障碍——这个令人沮丧的、不幸的、有困难的、意想不到的问题阻止了你做想做的事。你害怕发生的事情，或者你暗中希望发生的事情，永远都没有出现。如果情况没有那么糟糕，一切会是什么样子？

如果在这些困境中还蕴含着或者固有某些益处，只有你可以从中受益，你会怎么做？你认为大多数人会怎么做？

他们可能一贯如此，而现在的你也是如此：什么都不做。

实话实说：我们大多数人都不知所措。无论我们设立了什么个人目标，当面对摆在我们面前的很多障碍时，我们大多数人都会坐以待毙。

我们只能寄希望于这不是真的，但它真实存在。

阻挡我们的因素显而易见。在系统层面：失业率飙升、教育成本飞涨和技术颠覆。在个人层面：太矮、太老、太害怕、太穷、太紧张，没有机会、没有支持者、没有信心。在梳理障碍方面我们非常熟练！

对每个人来说，每个障碍都是独一无二的。但障碍引起的反应是相同的：恐惧、挫败、困惑、无奈、沮丧、愤怒。

你明明知道自己想做什么，但总感觉像是被某个无形的敌人困住，像是被重重地压在了枕头下。你试图奔向远方，但总是有东西挡住了去路，如影随形地挫败你每一个行动。你感觉自己有足够的自主权，但当你似乎无法坚持到底或积蓄动力的时候，你就会自我谴责。

我们不满意我们的工作、我们的人际关系、我们的社会地位。我们正试图达成目标，但总是有什么东西挡住了去路。

所以我们什么也没做。

我们责怪老板、责怪经济、责怪政客、责怪其他人。我们认定自己是失败者，认定我们的目标根本不可能实现。如果真的有问题，那么只有一个：我们的态度和方法。

有很多关于成功学的课程（和书籍），但没有人教我们如何战胜失败，面对障碍时如何思考，如何对待和战胜它们，所以我们被困住了。我们四面楚歌，我们很多人遭遇了各种困扰，我们迷失了方向，我们反应迟钝，我们感觉自己被撕裂了。我们不知所措。

事实上，并不是每个人都束手无策。我们满怀敬畏地看到有些人如有神助，他们将那些障碍变成了跳板。他们是怎么做到的？他们的秘诀是什么？

更令人觉得不可思议的是，前人遭遇了比我们更严重的问题，当时的他们缺少现在的安全保障和工具。但他们成功地应对了与我们当下面临的同样的障碍，还努力地为后人摆脱困境提供了借鉴。可是……我们仍然被困在这里。

他们拥有什么我们不具备的品质？我们缺少什么？答案很简单：一种可以帮我们理解、感激和应对生活中困境的方法和框架。

约翰·戴维森·洛克菲勒拥有它——对他来说，这是头脑冷静和自律。伟大的雅典演说家狄摩西尼拥有它——对他来说，这是永无止境的动力，通过行动和实践来提升自己。亚伯拉罕·林肯拥有它——对他来说，这是谦逊、忍耐和富有同情心的意志力。

在本书中，你会一次又一次地看到这些名字：尤利西斯·格兰特、托马斯·爱迪生、玛格丽特·撒切尔、阿梅莉亚·埃尔哈特、塞缪尔·泽穆雷、埃尔温·隆美尔、德怀特·艾森豪威尔、理查德·赖特、杰克·约翰逊、西奥多·罗斯福、史蒂夫·乔布斯、詹姆斯·斯托克代尔、劳拉·英格斯·怀德、巴拉克·奥巴马。

他们中的一些人遭遇了难以想象的暴行，从监禁到致残型疾病，他们也曾面临与我们没有什么不同的日常挫折。他们需要应对与我们相同的竞争、政治阻力、闹剧、抵制、保守主义、分崩离析、压力和经济危机，甚至更糟的状况。

在这样的压力下，他们发生了转变。正如英特尔前CEO安迪·格鲁夫描述的那样，企业在动荡时期发生转变：“糟糕的公司被危机摧毁。优秀的公司在危机中幸存下来。伟大的公司在危机中成长。”

伟大的个人就像伟大的公司一样，总能找到化弱为强的方法。这是一个相当惊人甚至感人的壮举。阻止他们的东西原本会让他们停滞不前，却被他们转换为前进的动力。事实证明，历史上所有伟人都具备这个共同点。就好像是氧气对于火，障碍最终成为燃料,燃起他们的内心之火。没有什么可以阻止他们，他们（甚至在将来）不可能被阻止或遏制。每一个障碍都只会让他们的内心之火燃烧得更加猛烈。

有一些人能够逆转障碍。他们有可能从未读过斯多葛学派的作品，但是他们践行着马可·奥勒留的话，追随着古代斯多葛学派，这种被西塞罗称为唯一的“真正的哲学家”的学派①。他们有能力看清眼前的障碍，有能力独创性地消除障碍，还具备一种意志力，可以让他们忍受这个超出他们理解和控制的世界。

说实话，大多数时候，我们并不是处于无法忍受的可怕境地。我们面对的往往是一些小的不利因素，或者陷入一些不太理想的境遇。我们有可能正在尝试做一些非常困难的事情，却发现自己处于下风，不堪重负，无计可施。好吧，这个逻辑同样适用。他们可以扭转局面，探索其中的益处，将障碍作为燃料助推自己。

这很简单。但是简单并不意味着容易。

---

① 我认为斯多葛主义是一门非常迷人且极其重要的哲学。但我也明白，你生活在现实世界中，现在没有时间听历史课。你真正想要的是帮助你解决问题的策略，所以本书正是要阐述这些内容。

这不是一本教你充满激情、盲目乐观的书。这不是一本告诉你在事情糟透的时候如何予以否认的书，也不是一本教你在完全搞砸的时候如何忍辱认命的书。书中不会充满家喻户晓的谚语或者有趣但全无效用的格言。

这本书不是关于斯多葛主义的学术研究，也不会阐述斯多葛主义的历史。你可以看到很多关于斯多葛主义的文章，其中大部分是那些曾经最聪明和最伟大的思想家所写的。没有必要重写他们书写过的内容，而应去阅读原文。那些著作非常容易理解，感觉不是上千年前的作品，像是去年才写的。

我已尽我所能收集并理解，在书中我会分享那些哲学家的理论和技巧。古代哲学从不关心著作权和原创性——所有作家都竭尽全力地翻译和诠释伟人的智慧，这才得以在书籍、日记、歌曲、诗歌和故事中流传下来。所有这些，都是经由几千年人类经验历练而来。

本书将分享他们的集体智慧，帮助我们达成我们共有的具体而紧迫的目标：克服各种障碍——心理障碍、物理障碍、情感障碍和感知障碍。

我们每天都会面对这些障碍，社会因此而集体麻木。如果这本书能让我们消除这些障碍的时候更容易一点，就已经足够了。但我的目标不止于此，我还想向你展示如何将每一个障碍都变成优势。

因此，这本书充满了实用主义和历史故事，书中将会展示坚持不懈和不知疲倦的独创性艺术。它教你如何摆脱束缚、困境并从中解放出来，如何将生活中遇到的许多消极情况转变为积极情况——或者至少从中获取你能得到的任何好处。从不幸中获得好运。

不是要学会处理“如何让我觉得这没那么糟糕”，而是要了解“如何让自己发觉事物好的一面”——获得新的立足点，获得前进或朝着更好方向前进的机会。不是“要积极”，而是要学会不断地创新和寻找机会。

不是这还不太糟，而是我可以做好。

因为这可以做到。事实上，确实是这样，并且已经做到。每一天都是如此。这就是我们将在本书中解锁的力量。

挡在我们面前的障碍

有一个古老的禅宗故事，讲的是一位国王，他的臣民过于软弱和过度以自我为中心。他对此很不满，希望给他们一个教训。他的计划很简单：在主干道路中间放置一块巨石，彻底挡住城市的入口。之后他躲在附近观察臣民的反应。

他们的反应会是什么？他们是会齐心协力地把石头移除，还是会灰心丧气、躲开然后回家？

国王眼睁睁地看着一个又一个臣民遇到这个障碍后转身离开，他越来越失望。最好的情况也不过是有人在放弃之前不痛不痒地尝试了一下。许多人公开抱怨、咒骂国王或命运，或者哀叹着不便利，但是没有人成功地解决这个问题。

几天后，一个只身进城的农民走到这里。看到这个情景，他并没有转身离开，而是试了又试，试图把石头推开。他很快想到了一个主意：他匆忙跑入附近的树林，寻找可以用作杠杆的东西。最终，他带着一根他制作成杠杆的大树枝回来了，用它将巨大的岩石从道路上移开了。

石头下面放着一袋金币和一张国王留下的纸条，上面写着：

“道路上的障碍会成为道路。永远不要忘记，每一个障碍都是改善我们状况的一次机会。”

是什么阻碍了你？

是身材、种族、距离、残疾、金钱，还是恐惧、不确定、缺乏经验、偏见？

也许人们不把你当回事。也许你认为自己太老了。也许你缺乏支持和足够的资源。也许法律法规限制了你的选择。也许是你的责任使然。也许是目标错误和自我怀疑。

不管是什么，你都如此。我们也是。

并且……

它们都是障碍。我了解。没有人否认这一点。

想想我们过往遇到的那些人，个子太矮的运动员，视力不够好的飞行员，理想过于超前的梦想家，还有这个或者那个种族的成员。有人辍学，有人有阅读障碍。有人是私生子、移民、暴发户、固执者、信徒和梦想家。还有那些一无所有的人或者境遇更糟的人，他们所在的地方每天都会受到生存威胁。他们后来怎么样了？

很多人放弃了。但还有极少数人没有放弃，他们把“双倍优胜”（twice as good）视为一种挑战。他们更加努力地练习。

他们寻找捷径并找出薄弱环节。在陌生的面孔中辨认盟友。他们曾经遭受一些打击。他们遇到的每一件事都是一个必须被克服的障碍。

然后呢？

这些障碍中存在机会。他们抓住了这个机会，因此做了一些特别的事情。我们可以向他们学习。

我们都需要一种方法来应对，无论是在找工作时遇到了困难，还是与歧视做斗争，或者是资金不足、陷入了糟糕的关系、与一些咄咄逼人的对手争吵，抑或是有一个似乎无法接近的员工或学生，也有可能是在创意工作中卡壳了。当我们面对这些逆境的时候，我们可以学习他们，将逆境转化为优势。

无论是在政治、商业、艺术还是吸引力方面，所有伟大的胜利都离不开用创造力、专注和勇敢的有力组合来解决棘手的问题。当你制定了一个目标，实际上会引导你实现目标——为你开辟道路。本杰明·富兰克林①写道："那些伤害你的东西正指导着你。"

今天，我们的大部分障碍都源于内心，而不是来自外部。自第二次世界大战以来，我们生活在历史上最繁荣的时期。我们很少直面战争，面临比以往更少的致命疾病，拥有更安全的保障体系。但这个世界仍然很少按照我们的意愿行事。

---

① 本杰明·富兰克林（Benjamin Franklin，1706—1790），美国政治家、科学家、印刷商和出版商、作家、发明家以及外交官，美国开国元勋之一，被誉为美国的"万事通"。——译者注

我们没有外在的敌人，只有内心的紧张不安。我们会有惯性的挫败感。我们可能没有达到预期，便会产生习得性无助。我们拥有人类常有的压倒性情感：悲伤、痛苦、失落。

我们的许多问题都源于过剩：飞速的技术颠覆，各种垃圾食品，还有太多传统规范告诉我们应该如何生活。我们变得软弱无能、害怕冲突。繁荣时期能很好地缓和这一切。然而正如许多人证明的那样，丰盈本身就会成为障碍。

我们这一代人比以往任何时候都更需要一种方法，能够克服障碍并在混乱中蓬勃发展。这种方法可以帮助我们将问题化解为绘画材料，创作出精美的作品。这种灵活的方法适合企业家、艺术家、征服者或者教练。无论你是一位奋斗中的作家，是一位见多识广的智者，还是一位忙碌不堪的家有学龄儿童的妈妈，它统统适用。

应对障碍的途径

客观的判断，此时此刻。

无私的行动，此时此刻。

愿意接受，此时此刻，所有外在的事件。

这就是你所需要的。

——马可·奥勒留

克服障碍包括三个关键步骤。

首先是我们如何看待具体的问题，我们的态度或者方法；其次是我们如何积极主动地将我们的能量和创造力转化为机会；

最后是培养我们的意志力，让我们能够应对失败和困难。

感知、行动和意志，这三者相互依存、相互关联、相互转化。

过程很简单（但同样，绝非易事）。

在历史、商业和文学作品中，我们可以看到无数人践行这一过程。当我们研究这些具体案例，从各个角度去审视每一个步骤时，我们将能够学习并领会这种创新态度，从而掌握它的独创性，并据此发现如何在门关上的地方创造新的机遇。

从这些实践者的故事中，我们可以学习如何处理常见的障碍——总是阻挡我们前进的这些障碍，无论我们是被挡在外面还是深陷其中，我们都可以将通用的方法应用到生活中。因为障碍不仅是可以预见的，还应该被接受。

接受？

是的，因为这些障碍实际上是对我们的考验，可以促使我们尝试新事物，并最终让我们取得胜利。

障碍就是道路。

第一章
感知

什么是感知？感知就是我们如何看待和理解身边发生的事情，以及决定这些事情对于我们意味着什么。感知可以是力量的源泉，也可能是重大的缺陷。如果过于情绪化、主观并且短视，我们只会徒增烦恼。为了防止被我们身处的世界所困扰，我们必须像古人那样，学习如何控制我们的冲动并且减少其对我们生活的影响。消除不良观念的负面影响，将可靠的信息与欺骗性的内容区分开来，滤除偏见和恐惧，这些都需要技巧和训练。但这样做非常值得，可以为我们厘清真相。当其他人兴奋或害怕时，我们始终保持冷静与从容。我们直截了当地看待事物，看到它们的本质——不好也不坏。这将会是我们在与障碍做斗争时的一个难以置信的优势。

The Discipline of Perception

感知的纪律

在成为石油商人之前，约翰·戴维森·洛克菲勒是一名簿记员和有抱负的投资者——俄亥俄州克利夫兰的一个小金融家。因为父亲是一个背弃家人的罪犯，洛克菲勒不得不在 1855 年他 16 岁时开始了第一份工作（这一天是他终生庆祝的“工作日”）。他的工资是每天 50 美分，在当时就已经很好了。

然而，恐慌随之袭来。1857 年在美国发生的恐慌，是由俄亥俄州的一次金融危机引发的，随后迅速蔓延到全国，其对克利夫兰的打击尤其严重。大量企业破产，农产品价格暴跌，导致了西部扩张的停滞，并逐渐演变为一场持续数年的严重经济衰退。

洛克菲勒可能会感到害怕。他刚刚摸清门道，这场历史上最严重的市场萧条就重击了他。他本可以像他父亲一样抽身离去。他本可以彻底地退出金融行业，转而从事风险较小的其他职业。然而，即使洛克菲勒当时很年轻，他依然泰然自若：在压力下保持着冷静。当他失去一切的时候仍然头脑清醒。更为惊人的是，当其他人都失去理智的时候他还能够保持镇静。

洛克菲勒没有哀叹这场经济动荡，而是热切地观察着重大事件。他的做法似乎有悖常理，但他将这一切视为学习的机会，视为市场的洗礼。他暗中开始存钱，观察别人做错了什么。他发现了经济的弱点，而许多人认为这些问题是理所当然的，并没有做好应对变化或冲击的准备。

他将一条重要的教训深深地铭刻于心，这伴随了他的一生：市场在本质上是有风险的、不可预测的——只有保持理性和自律才能从中获利。他意识到投机行为会导致灾难性的后果，他需要永远远离“疯狂的人群”及这种倾向。

洛克菲勒随即将这些见解运用到了实践中。在他 25 岁的时候，一群投资者说，如果他能找到合适的油井，愿意给他投资大约 50 万美元。对这样的机会充满感激的洛克菲勒开始考察附近的油田。几天后，他两手空空地回到克利夫兰，这让投资者非常震惊，他甚至没有花掉 1 美元。不管市场上的其他人多么兴奋，他都觉得这个机会并不合适，所以他退还了资金并远离了钻探。

正是由于这种强烈的自律和客观性，洛克菲勒克服了生活中的一个又一个障碍，无论是内战还是 1873 年、1907 年和 1929 年的 3 次经济危机，他都抓住了机会。正如他曾经说过的那样：他倾向于在每一次灾难中看到机会。除此之外，我们还看到：无论情况如何，无论市场多么诱人，他都有能力抵抗诱惑，不会过度兴奋。

在第一次危机发生后的 20 年里，洛克菲勒独自控制了石油市场 90% 的份额。那些贪婪的竞争对手已经消失。紧张的同事卖掉自己的股份离开了这个行业。那些内心不够强大的怀疑者错过了时机。

在接下来的时间里，状况越混乱，洛克菲勒则越冷静，而他周围的人要么惊慌失措，要么因贪婪而疯狂。他在市场的波动中积累了大量的财富——因为他总能看见其他人看不到的东西。这种洞察力也出现在沃伦·巴菲特的那句名言中："别人贪婪我恐惧，别人恐惧我贪婪。"洛克菲勒和所有伟大的投资者一样，倾向于冷酷的常识，可以抵制住冲动。

一位评论家对洛克菲勒的石油帝国感到敬畏，将标准石油公司描述为"一种神秘的变形生物"，能够随着竞争对手或政府每一次尝试拆散而变形。他们的本意是批评，但实际上这是洛克菲勒个性的体现：坚韧、适应性强、沉着冷静、才华横溢。他无法被动摇——无论是经济危机、虚假机会的闪耀幻象，还是咄咄逼人的敌人，甚至是联邦检察官（对他们而言，他是一个出了名的难以盘问的证人，从不上钩为自己辩护或生气）。

他天生就这样吗？不，这是一种后天习得的行为。洛克菲勒在某个地方学到了这种自律。这始于被他称作"逆境和压力学校"的 1857 年的那场危机。

他曾经说："哦，那些处在人生开端要为未来而奋斗的年轻人是多么幸福啊。我永远都感激最初三年半的学徒生涯和一路走来要克服的种种困难。"

当然，许多人都经历过与洛克菲勒一样的危险时期——他们都在同一所社会大学中学习。但很少有人表现的像他那样。很少有人让自己不断在障碍中看到机会，很少有人意识到降临在他们身上的不是无法挽救的不幸，而是一种教育的礼物——一个从经济史上罕见时刻学习的机会。

你会在生活中遇到各种障碍——公平的和不公平的。你会一次又一次地发现，最重要的不是这些障碍是什么，而是我们如何看待它们，如何应对它们，以及是否能够保持镇定。你将会了解，这种反应决定了我们能否成功地克服它们，或者能否因为这些障碍而茁壮成长。

当一个人看到的是危机时，另一个人看到的是机会。当一个人被成功蒙蔽了双眼时，另一个人能够以客观视角看待现实。当一个人失去对情绪的控制时，另一个人可以保持冷静。失望、绝望、恐惧、无力——这些都是我们感知的反应。你必须意识到：没有什么让我们有这种感觉，而是我们选择屈服于这样的感觉。你也可以像洛克菲勒一样，选择不这样。

正是在这种分歧中——洛克菲勒如何看待他所处的环境和世界上其他人通常的看法——洛克菲勒以几乎令人无法理解的方式成功了。他小心谨慎、充满自信的态度是一种令人难以置信的力量。他能够理性、清晰地看待别人视为消极的事物，最重要的是，他将其视为机会，而不是要害怕或抱怨的东西。

洛克菲勒不仅仅是一个类比或象征。

我们都生活在我们自己的“镀金时代”。在不到十年的时间里，我们经历了两次重大的经济泡沫，整个行业都在崩溃，人们的生活受到了干扰。不公平的感觉无处不在。金融衰退、逆境来袭……人们感到害怕、沮丧、愤怒和不安，并聚集在祖科蒂公园或在线社群。他们应该这样做吗？

不一定。

外在是具有迷惑性的。真正最重要的是外表之下内在的东西。

我们可以学会以不同的角度看待事物，摆脱其他人所信仰或害怕的幻象。我们可以停止把眼前的“问题”视为问题，而学会聚焦于事物的本质。

我们常常情绪化地做出反应，因此变得沮丧并失去判断。这样做只会让不好的事情变得更糟。无益的看法会腐蚀我们的思想——理性、行动和意志的神圣之地——并扰乱我们的方向。

我们的大脑是从与目前所处环境截然不同的环境进化而来的。这让我们背负着各种各样的生物学负担。人类仍然为不再存在的威胁和危险时刻做好准备——想一想你因为金钱感到压力时会出一身冷汗，或者当你的老板对你大吼大叫时产生的战逃反应。我们现在几乎不会处于真正的危险之中——我们几乎没有挨饿或遭遇暴力事件的危险——尽管有时候我们确实会有这样的感觉。

我们可以选择如何应对这种情况（或任何对我们而言重要的情况）。我们可以盲从这些最原始的感觉，也可以识别它们并学会过滤掉它们。在感知上保持自律可以让你看清每种状况下的优势并采取正确的行动——不被恐慌或恐惧干扰。

洛克菲勒很清楚这一点，并摆脱了糟糕的、破坏性观念的束缚。他获取了控制、引导和理解这些信号的能力。这是一种超能力；大多数人无法触及自己的这一部分，他们成了自己从未怀疑过的冲动和本能的奴隶。

我们可以理性地看待灾难。或者更确切地说，就像洛克菲勒一样，我们可以在每一次灾难中看到机会，并将这种消极情况转化为一次教育、一种技能或者一份财富。正确看待发生的一切——无论是经济崩溃还是个人悲剧，都会是我们向前迈进的机会。即使我们承受的状况令我们意想不到，也应如此。

在面对看似不可逾越的障碍时，我们需要牢记几点。我们必须尝试：

- 客观
- 控制情绪，心绪平稳
- 选择看到每种情况下好的一面
- 稳定我们的紧张情绪
- 忽略那些会干扰或限制他人的事物
- 透过事物看本质
- 回归当下
- 专注于可以控制的事情

这就是你在障碍中寻找机会的方法。这一切不会自行发生。这是一个过程——一个源于自律和逻辑的过程。

一旦你具备这种逻辑，只需要按部就班地去做就好。

Recognize Your Power

认识到你的力量

选择不受伤害，你就不会感受到伤害。

没有感受到伤害，你就不会受到伤害。

——马可·奥勒留

鲁宾·卡特是中量级拳王头衔的有力竞争者。在20世纪60年代中期，在他拳击生涯的巅峰时期，他被错误地指控他没有犯下的可怕罪行：三重谋杀。他接受了审判，随后陪审团做出了有偏见的错误判决：三个无期徒刑。

从成功和颇有名望的位置跌落下来，卡特身着昂贵的定制西装，戴着价值5000美元的钻戒和一只金表到监狱报到。在排队等候进入普通囚犯队伍时，他要求与负责人交谈。

卡特注视着监狱长的眼睛，告诉监狱长和其他警卫，他并没有放弃最后一件他能控制的事：他自己。在他那非凡的话语中，他告诉他们："我知道我被不公正地带来这个监狱的事情与你们无关，所以我留在这里直到我能够离开。但无论如何，我都不应该被当作囚犯对待——因为我不是，也永远不会无能为力。”

卡特并没有像那些遭遇如此悲惨情况的人那样，他没有崩溃，他拒绝放弃与生俱来的自由：他的态度、他的信仰、他的选择。无论他们是把他关进监狱还是连续数周将他单独监禁，卡特坚持认为他仍然有选择，即使他的身体自由已经被剥夺了，没有人能从他身上夺走他选择的自由。

他对所发生的事情感到愤怒吗？当然，他很愤怒。但他明白愤怒不具有建设性，所以他没有乱发脾气。他没有崩溃、卑躬屈膝或者绝望。他不穿囚服，不吃监狱的食物，不接受探访者，不参加假释听证会或者在小卖部工作以减刑。而且他不会受到侵犯。没有人能触碰他，除非他们想打架。

他的所作所为都目标明确：他确保每一秒都用在他自己的案件上。他清醒的每一分钟都花在阅读法律书籍、哲学和历史上。他们并没有毁掉他的生活——他们只是把他放在了一个他不应该去的地方，他也不打算待在那里。他学习和阅读，并充分利用一切时间。他不仅会以一个自由和无辜的身份离开监狱，而且会成为一个更好的、不断提升自我的人。

总共花了 19 年的时间，经过了两次审判，最终判决被推翻，但是当卡特走出监狱的时候，他立刻恢复了自己的生活。卡特没有进行民事诉讼要求赔偿损失，他甚至没有要求法院道歉。因为对卡特来说，赔偿和道歉意味着他们剥夺了他原本就拥有的东西。即使是被单独监禁在黑暗的深处，这些也从来不是他的诉求。他已经做出了选择：这一切都不会伤害我——我可能不希望它发生，但我自己能够决定它将如何影响我，别人没有这个权利。

我们决定自己将如何应对每一种情况。我们决定是放弃还是继续抵抗，是同意还是拒绝。没有人可以强迫我们放弃或相信不真实的事情（诸如看似没有希望或不可能改善的状况）。我们完全能够控制我们的感知。

他们可以把我们关进监狱，给我们贴上标签，剥夺我们的财产，但他们永远无法控制我们的思想、信仰和反应。

也就是说，我们从来都不会是完全无能为力的。

即使在监狱里，一切似乎都被剥夺了，你仍然拥有一些自由。你的思想仍然属于你自己（如果足够幸运，你还可以有书），你还有时间——有很多时间。卡特并没有多大的权力，但他明白这和无能为力不同。从纳尔逊·曼德拉到马尔科姆·艾克斯，许多伟大的人物都了解这一根本区别。所以他们将监狱变成改造自己的工作室和改造他人的校舍。

如果一个不公正的监禁判决不仅能被挽回，而且能变得有益并起到改变作用，那么对我们来说，我们所经历的一切都可能具有潜在的好处。事实上，如果我们对自己有充分的了解，我们就可以退后一步，牢记境遇本身并无好坏之分。这都是源于其他的一些东西——我们作为人类的一种判断，我们经常会将感知带入其中。

对一个人来说，某种情境可能是消极的。但对另一个人来说，同样的情境可能是积极的。

正如莎士比亚所说："事物本无善恶，全在人心所想。"

《小木屋》系列作品的作者劳拉·英格斯·怀德（Laura Ingalls Wilder）将这个想法变为现实。当面对着地球上最艰难和最不受欢迎的环境——坚硬和贫瘠的土壤、印第安地区、堪萨斯大草原和佛罗里达潮湿的未开垦地区，她没有害怕也不厌倦，因为她把这视为一次冒险，有各种各样尝试新事物的机会，无论未来的命运如何，她和丈夫始终本着开拓精神愉快地坚持着。

这并不是说她“透过玫瑰色眼镜”[①]看世界。事实是她始终努力工作，用乐观的精神去了解每一种情况的可能性。其他人则做出相反的选择。至于我们，我们面对的事情似乎没有那么可怕，然而我们很快就认定自己搞砸了。

障碍于是真的变成了障碍。

换句话说，我们对事件的感知方式不仅影响我们如何面对障碍，而且在某种程度上参与了创造这些障碍的过程。

我们将自己抽离出来，事件就没有好坏之分，仅有感知。只有事件本身，以及我们告诉自己它意味着什么。

这种想法会改变一切的，不是吗？

你的一名员工因为粗心犯了一个错误，导致你的生意受损。这可能正是你花费大量时间和精力试图避免的状况。或者，转换一下观念，这可能是你正在寻找的机会——一个突破防御并且只能在实践中学习的机会。将一个错误变成了一种训练。

---

① “透过玫瑰色眼镜”形容某人过于积极、乐观，只看到事物好的一面，多用于暗示实际情况比想象中的要糟糕。——译者注

同样，类似的状况：有人搞砸了，但是评价和结果可以不同。你可以采取某种方法利用这个机会；或者与其他人一起陷于愤怒或恐惧之中。

仅仅是因为你的头脑告诉你某事是可怕的、邪恶的，是计划外的或者消极的，这并不意味着你必须同意。仅仅是因为其他人说某事是绝望的、疯狂的或支离破碎的，并不意味着它就是。我们可以决定给自己讲什么故事，或者决定我们到底要不要故事。

欢迎了解感知的力量。它适用于每一个情境，且无法被阻挡，但我们可以放弃。

你是自己的主宰。

Steady Your Nerves

稳定你的神经

男人需要的不是勇气，而是情绪控制，是冷静的头脑，是只有通过实践才能获取的能力。

——西奥多·罗斯福

尤利西斯·格兰特坐在那里，等着著名的内战摄影师马修·布雷迪[①]给他拍照。因为工作室太暗了，布雷迪派了一个助理到屋顶上打开天窗。不料，这位助理滑倒并打碎了窗户玻璃。大家惊恐地看着两英寸[②]长的玻璃碎片像匕首一样从天花板上掉下来，砸在了格兰特的周围——每一块玻璃都非常致命。

随着最后一块玻璃碎片砸落到地上，布雷迪查看了一下状

① 马修·布雷迪（Mathew Brady），美国摄影师，人类第一个全面报道战争进程的摄影记者，被誉为“纪实摄影之父”。——译者注

② 1英寸＝0.0254米。

况，他看到格兰特没有动，也没有受伤。格兰特抬头看了一眼天窗上的洞，然后又看向摄像机，就好像什么都没发生过一样。

在旷野战役[1]期间，格兰特正在用野外望远镜勘查战场，这时敌人的一枚炮弹突然爆炸，炸死了他身旁的马。格兰特的眼睛一直盯着前面，视线从没离开过望远镜。在里士满附近的联合总部的指挥中心（City Point[2]）还发生过另一个关于格兰特的故事。一艘蒸汽船在卸货的时候突然爆炸了。所有人都迅速趴在地上，除了格兰特，人们看到他朝爆炸现场跑去，而此时碎片、炮弹甚至尸体正纷纷落下。

那是一个能稳定自己的人。那是一个工作的时候能够承担任何代价来完成它的人。那是勇气。

回到我们的生活……

我们就像是一群具有敏感神经的人。

竞争对手在业务上不断地和我们纠缠。意想不到的问题层出不穷。我们最好的员工突然辞职。计算机系统无法执行我们下达的指令。我们走出了自己的舒适区。老板让我们做了所有的工作。在我们觉得自己不堪重负的时候，一切都在我们周围坍塌。

---

① 旷野战役（Overland Campaign）是美国内战期间于 1864 年在弗吉尼亚州进行的一系列战役。联邦将领尤利西斯・格兰特将军发起了这场战役，旨在占领南方联盟的首都里士满，并打败由罗伯特・李将军率领的北弗吉尼亚军。这场战役被广泛认为是内战中的一个重要转折点，也是联邦军队的一次重大胜利。——译者注

② City Point 也可以翻译为“城点”，在美国历史上指的是弗吉尼亚州詹姆斯河畔的城市，它是南北战争期间联邦军队在里士满附近的总部。——译者注

我们该怎么应对呢？是直视它？无视它？眨眨眼睛，再加倍地集中注意力？还是会被它震撼？我们会试着用药物来消除这些“糟糕”的感觉吗？

这些都只是无意识的行为。别忘了，总有人想要找你的麻烦。他们想要威胁你、扰乱你的思维，逼你在掌握所有事实之前做出决定。他们希望你按照他们的方式思考和行动，而不是按照你自己的意愿。

那么问题来了，你会让他们得逞吗？

当我们志存高远时，紧张和压力会随之而来。那些让我们措手不及的事情会威胁或吓到我们。意外（大部分是不愉快的）几乎一定会发生，我们总是有被压垮的风险。

在这些情况下，才华并不是最重要的特质。优雅和沉着更为重要，只有拥有了这两个特质，才有可能拥有任何其他技能。正如伏尔泰①曾经解释过的关于第一任马尔伯勒公爵②在军事上取得巨大成功的秘诀一样，我们必须拥有“在动荡不安中保持平静的勇气和在危险中保持平静的能力”，英国人称之为“冷静的头脑”。

无论我们遭遇的实际危险有多大，压力都会将我们引向本能的、恐惧的应激反应之中。

---

① 伏尔泰（Voltaire）是十八世纪法国资产阶级启蒙运动的泰斗，被誉为“法兰西思想之王”“法兰西最优秀的诗人”“欧洲的良心”。——译者注

② 马尔伯勒公爵（Duke of Marlborough）为英格兰贵族爵位，由安妮女王在1702年授予。此处指约翰·丘吉尔（John Churchill，1650—1722），英国军事指挥官，在17世纪末和18世纪初的英格兰军队中发挥了重要作用。——译者注

不要认为一瞬间的优雅、沉着和平静是某些贵族的柔性特质。归根结底，勇气是一种反抗和控制的问题。

就像："我拒绝承认那个结果。我不同意自己被吓倒了。我抵制把这个视为失败的诱惑。"

但是，勇气也需要一种接受现实的态度："好吧，那么这就是我的责任。我没有被撼动或者在脑海中重复播放侥幸脱险的场景的奢侈。我太忙了，有太多的人在指望着我。"

在以下原则中，可以很好地将反抗和接受结合在一起：总会有一个对策，总会有一个逃脱方案或者一条出路，所以没有理由情绪激动。没有人说这样很容易，当然，这样做风险很高，但对那些准备好接受它的人来说，出路就在那里。

这是我们必须要做的。我们知道路途艰难。

但我们已经准备好了。我们镇定自若，严肃认真，不会被吓跑。

这意味着我们已经为现实状况做好了准备，稳定住我们的神经，这样我们就可以全力以赴，磨炼自己。当坏事发生的时候，我们努力摆脱它并继续前进——直视前方，就好像什么都没发生过一样。

因为，正如你已经意识到的那样，这一切都是真实存在的。如果你能保持冷静，那么什么都没有真正"发生"——我们的感知可以确保这件事情没有产生重大的影响。

Control Your Emotions

控制你的情绪

想拥有一个伟大的帝国吗？先掌控你自己。

——普布里乌斯·西鲁斯[①]

在美国争取将第一批人送上太空的竞赛中，宇航员训练的一个最重要的技能是：不慌张。

人们在恐慌时容易犯错。他们会凌驾于系统之上。他们无视流程，忽视规则。他们偏离原本的计划。他们变得反应迟钝，无法清醒地思考。他们无法做出所需要的反应，任由流经他们血管的生存激素肆意妄为。

欢迎你认识到地球上大多数问题的根源。一切原本都计划妥当，但随后出现了问题，我们立马情绪失控。有些人几乎立

① 普布里乌斯·西鲁斯（Publilius Syrus），约活动于公元前 1 世纪前后，出生于叙利亚，后作为奴隶被掠往罗马城。他凭借自己的智慧和才能赢得了主人的青睐而被释放，不久即开始文学创作，并闻名遐迩。他被认为是拉丁谚语的奠基人之一，他的许多格言和谚语至今仍被广泛引用和传颂。——译者注

刻拉响警报，因为这比处理眼前的问题更容易。

在距离地面 150 英里高的地方乘坐比大众汽车还小的太空飞行器，恐慌就等于自杀。

摆脱恐慌需要训练。这并不容易。

在首次发射之前，美国国家航空航天局（NASA）一遍又一遍地为宇航员重演了那个创造性的日子，逐步进行复盘，进行了数百次训练——从他们的早餐吃什么到前往机场的路程。在逐步暴露的内容中，宇航员们逐渐接触到了发射进入太空的每一个视觉和声音体验。他们练习了很多次，以至于这一切变得像呼吸一样自然和熟悉。他们从头到尾全程练习，除了起飞本身，没有任何保留，确保解决每一个变量和消除所有不确定性。

权威可以消除不确定性和恐惧感。训练就是一种权威。这是一个释放的阀门。只要有足够的接触和训练，你就可以相当容易地逐渐适应那些完全普通甚至是天生的恐惧，这些恐惧往往是由于陌生感而产生的。幸运的是，陌生感很容易解决（虽然不简单），这使得我们可以增加对压力和不确定性的容忍度。

第一位绕地球飞行的美国宇航员约翰·格伦（John Glenn）在太空中度过了将近一天的时间，他的心率始终保持在每分钟 100 次以下。这个人不仅仅坐在那里控制飞行器，他还在控制着自己的情绪。汤姆·沃尔夫[1]后来称这种经过适当训练的人

---

① 汤姆·沃尔夫（Tom Wolfe，1931—2018），美国演员、编剧，被誉为“新新闻主义之父”。他于 1979 年出版的《真材实料》（*The Right Stuff*），描写了即将成为美国第一代宇航员的飞行员们。——译者注

为“真材实料”。

但是你，在街上遇到客户或陌生人时，你的心都快从胸膛里跳了出来；或者当你被要求当众讲话时，你的胃不停地翻滚。

我们应当意识到这实际上是一种奢侈，一种对“小我”的放纵。在太空中，生与死的瞬间就取决于情绪的调节。

按下错误的按钮，误读仪表板，过早启动某个步骤——在阿波罗任务中，这些错误都是不能容忍的，因为后果太严重了。

因此，宇航员面临的问题并不是自己有多熟练的驾驶技能，而是能保持平静吗？能抵制惊慌的冲动，集中精力只关注自己能改变的事情，只关注手头的任务吗？

生活其实没有什么不同。障碍会使我们情绪化，但我们抵御和克服障碍的唯一方法是控制这些情绪——无论发生什么，无论外部的事件波动有多大，我们始终保持情绪稳定。

希腊人有一个词描述这种状态：apatheia——没有激情[①]。

这种平静感不掺杂非理性或极端情绪。并不是完全失去情感，只是消除了有害的、无益的感觉。不要有一丝消极情绪，甚至不要让这种情绪开始。只需说：“不，谢谢。我承受不起惊慌。”

这是必须要培养的技能——免于干扰和波动——这样你就可以集中精力解决问题，而不是对问题做出反应。

---

① 在斯多葛主义中，这被视为一种美德。这不一定是情感的缺失，而是一种能够控制和调节情感，使之不干扰理性和理智的能力。apatheia 一词的含义与现代英语中 apathy 的含义大不相同，后者具有明显的负面色彩。斯多葛学派认为，冷漠是圣人的特征之一。——译者注

老板的紧急电子邮件。酒吧里的混蛋。银行打来电话——你的融资被取消了。敲门声——发生了一起事故。

正如加文·德·贝克尔[①]在《恐惧给你的礼物》(*The Gift of Fear*)中写道:“当你感到担忧时，要问自己，‘我现在选择不看什么?’因为你选择了担忧而不是内省、警觉或智慧，你错过了哪些重要的事情?”

有时候确实是这样。但在这种情况下呢?

不，我想不会。

那么好吧。

如果一种情绪不能改变你正面临的状况或者情形，那么它很可能是一种无益的情绪。或者说，它很可能是破坏性的。

不过这正是我的感觉。

是的，没有人说不要有情绪。没有人说你永远都不能哭。忘记“男子气概”吧。如果你需要花一点时间，没问题，继续。真正的力量在于控制，或者用纳西姆·塔勒布[②]的话来说，在于驯化自己的情绪，不要假装它们不存在。

所以请继续，去感受。只是不要欺骗自己，不要混淆情绪与行动。因为它们不同于睡眠和清醒。

---

① 加文·德·贝克尔(Gavin de Becker)，美国作家和安全专家，主要为政府、大公司和公众人物服务，曾担任过里根与老布什总统的安全顾问。——译者注

② 纳西姆·塔勒布(Nassim Taleb)，黎巴嫩裔美国人，知名思想家，金融业人士，风险工程学教授、哲学随笔作家，以《黑天鹅》一书闻名于世。诺贝尔经济学奖得主丹尼尔·卡尼曼称其“改变了世界对于‘不确定性’的想法”。——译者注

你要时常提醒自己：是我在控制，而不是我的情绪。我了解真正发生了什么。我不会感到激动或沮丧。

我们用逻辑战胜情绪，或者至少是这样预想的。逻辑是大量问题与陈述。有了足够多的问题，我们就可以找到根本原因（这样就更容易处理）。

我们赔了钱。

但是，亏损不是很常见的情况吗？

是的。

这些损失是灾难性的吗？

不见得。

所以这并非完全出乎意料，不是吗？怎么会这么糟糕？为什么你们都会为经常发生的事情而焦虑？

好吧……呃……我……

不仅如此，你还处理过比这更糟糕的情况。机智应对而非愤怒不是更好吗？

尝试与自己进行对话，看看这些极端情绪能持续多久。它们不会持续很长时间，请相信这一点。

毕竟，这并不致命。

当你开始感到焦虑，一遍又一遍地说出来可能会有所帮助：

我不会因此而死。我不会因此而死。我不会因此而死。

或者试试马可的问题：

> 所发生的事情是否使你无法以正义、慷慨、自制、理智、谨慎、诚实、谦逊、直率行事？

没有。

那就回去继续工作！

潜意识里，我们应该不断地问自己这个问题：我需要为此大惊小怪吗？

就像对宇航员、士兵、医生和许多其他专业人士的要求一样，答案必须是：不，因为我为这种情况训练过，我可以控制好自己。或者，不，因为我可以把握自己，我能够意识到这样做不具有任何建设性。

Practice Objectivity

实践客观性

不要让第一印象的力量击倒你；对它说：等一下；让我看看你是谁，你代表着什么。让我来测试一下你。

——爱比克泰德

这件事发生了，它很糟糕，这句话实际上是两个感官印象。第一个——“这件事发生了”——是客观的。第二个——“它很糟糕”——是主观的。

16 世纪的剑客宫本武藏在与可怕的对手甚至多个对手的对决中取得了无数次胜利，他眼中无剑[①]。在《五轮书》[②]中，

① “眼中无剑”（swordless）一词出自宫本武藏，通常被翻译为“我看不到剑”。据说这反映了他的哲学，即真正掌握剑术不在于挥剑的身体动作，而在于剑客的精神状态。——译者注

② 《五轮书》（*The Book of Five Rings*）是被誉为日本第一剑圣的宫本武藏对其一生决战经历（从未失利）的临终总结，融合了日本剑道、武士道、禅道等内容，因此它既是一本兵法谋略大全，又是一部日本文化百科，还是探寻日本精神本源的第一书。——译者注

他指出了观察和感知之间的区别。他写道，感知的眼睛很弱；观察的眼睛很强。

武藏明白，观察的眼睛只看到“在那里”的东西，而感知的眼睛看到的比“在那里”的东西更多。

观察的眼睛看到事件，没有分心、没有夸大、不含误解。感知的眼睛看到“不可逾越的障碍”或“重大挫折”，看到的只是一些“问题”，它给战斗增加了困难。观察是有帮助的，感知没有。

套用尼采的话，有时肤浅——只看一眼——是最深刻的方法。

在我们自己的生活中，有多少问题来自我们对无法控制的事情的评判，仿佛它们就应该是某种样子？我们有多少次看到我们认为或者应该存在的，而不是实际上存在的东西？

在稳定自己并平复了情绪之后，我们就可以看到事物的本来面目。我们可以用观察的眼睛来做到这一点。

感知往往会出现问题。感知给我们提供了不需要的“信息”，而此时此刻我们最好专注于眼前的事物：刺过来的剑、关键的商业谈判、一个机会、闪现的洞察力或其他任何重要的东西。

我们原始的动物大脑竭尽全力压缩印象和感知之间的空间。思考、感知、行动——它们相隔毫秒。

当事情很糟糕的时候，鹿的大脑告诉它要跑。它就奔跑了。有时，它直接跑入车流。

我们可以怀疑这种冲动。我们可以不同意。我们可以重置开关，在采取行动之前我们要审视威胁。

但这需要内在力量。需要通过训练和锻炼来加强，就像肌肉一样。肌肉是在伸展、收缩和保持不变中强壮起来的。

这就是宫本武藏和大多数武术练习者将注意力集中在心理训练和体能训练上的原因。两者同等重要——都需要积极的锻炼和实践。

在斯多葛学派的著作中，我们看到了一种可以被描述为“蔑视性表达”的练习。斯多葛学派使用蔑视作为一种手段来揭示事物的真相，去除“它们的神话外壳”。

关于这个练习，马可·奥勒留有一个版本，他在描述迷人或昂贵的东西时会摒弃修饰语——烤肉是死动物，年份酿造葡萄酒是陈年发酵的葡萄。他的目的是看到这些东西的真实面目，不加任何修饰。

面对任何阻碍我们的人或事物，我们都可以这样做。我们的批评者和反对者让我们感到渺小，我们则要把他们放回正确的位置。如果我们看到事物真实的样子，而不是我们在脑海中想象的样子，就要好很多。

客观性意味着从等式中删除“你”——主观部分。试想，当我们给别人建议时会发生什么？他们的问题对我们来说非常清晰，解决方案显而易见。当我们处理自己的障碍与我们听到别人的问题时存在一个重大的差别：思想包袱。在面对其他人的问题时，我们可以保持客观。

我们直接面对这种情况，并立即开始帮助我们的朋友解决问题。然而，当我们自己遇到问题时，我们却自私和愚蠢地怜悯、被动和抱怨。

假装当下的处境没有发生在你身上。假装它不重要，没有什么大不了。你会更容易知道要做什么。你可以更加迅速和冷静地评估场景及选择。你可以把它写下来，平静地面对它。

想想别人可以解决特定问题的所有方法。对，真的去想。让自己想清楚，而不只是同情——以后会有足够的时间来做这件事。这是一种练习，这意味着它需要不断重复。你尝试得越多，你就越擅长。你就越善于看清事物的本质，你的感知就越有利于你，而不是对你不利。

Alter Your Perspective

改变你的预期

人并不仅仅存活于世，而是始终可以决定自己的存在方式，决定着下一刻自己会成为什么样的人。同样地，每个人都有在任何时刻改变自己的自由。

——维克多·弗兰克尔

有一次，当雅典将军伯里克利[①]在伯罗奔尼撒战争[②]中执行海军任务的时候，太阳突然被遮住了，他的150艘船陷入了黑暗之中。

当这个出乎意料、令人困惑的事件发生时，水手们陷入了

① 伯里克利（Pericles，约前495—前429），古希腊政治家、军事领袖，雅典黄金时代的代表人物之一。——译者注

② 伯罗奔尼撒战争（Peloponnesian War）是古希腊的一场重要战争，是雅典和斯巴达之间的冲突。这场战争持续时间非常长，导致古希腊的政治、经济和文化都遭受了重大损失。这场战争为希腊文明的衰落和亚历山大大帝时期的到来埋下了伏笔。——译者注

恐慌之中。与船员的表现不同，伯里克利丝毫不为所动。他走向一名领航员，取下他身上的斗篷，挡在了领航员面前。他问那个人是否害怕他所看到的东西。

不，当然不怕。

伯里克利说道，那么，不同原因产生的黑暗又有什么区别呢？

希腊人很聪明，这句话揭示了一种重要的概念，这个概念不仅贯穿了斯多葛哲学，还贯穿了认知心理学。这个概念是：视角决定一切。

也就是说，当你可以将事物拆解，或从某个新的视角看待它时，它就失去了对你的控制权。

恐惧使人衰弱、分心、精疲力竭，它常常是不理性的。伯里克利完全明白这一点，他能够利用视角的力量打败它。

希腊人明白，我们往往会舍弃简单的答案而选择最坏的解释，这会使我们感到担忧和恐惧，从而影响我们的决策和行动。障碍令我们恐惧是因为我们选择了错误的视角——仅仅转变视角就可以彻底改变我们的反应。正如伯里克利所言，我们的任务不是忽视恐惧，而是了解它。当恐惧袭来时，不要回避恐惧的事情，将它分解开来以便更好地应对。

请记住：我们可以选择看待事物的方式。我们具备将视角注入情境的能力。我们无法改变障碍本身——等式的一端已经确定——但视角有足够的力量可以改变障碍的出现方式。我们可以选择如何接近、看待和情境化障碍，可以告诉自己障碍意味着什么，视角决定了我们在克服障碍的时候有多艰巨、要付出多少努力。

由你来选择是否要把“我”放在某事前面（我讨厌公开演讲。我搞砸了。我因此受到伤害）。这无疑增加了一个额外因素：除了障碍本身，还多了你与障碍之间的关系。选择错误的视角，我们可能会被一些实际上非常渺小的东西所消耗，令我们不知所措。那么为什么要让自己陷入这种境遇之中呢？

正确的视角可以有效削减障碍和逆境的杀伤力。

无论出于何种原因，我们都倾向于孤立地看待事物。我们会因为交易失败或不得不错过一次会议而感到自责。就个人而言，这确实很糟糕——我们刚刚错过了 100% 的机会。

然而我们忘记了，在那种情况下，正如连续创业者、亿万富翁理查德·布兰森①喜欢说的那样：“商业机会就像公共汽车；总会有下一辆出现。”一次会议在一生里不算什么，一笔交易只是一笔交易。事实上，我们很有可能躲过一劫。下一个机会可能会更好。

通过改变我们看待世界的方式，我们可以改变对周围事物的看法。我们的观点是提供了视角，还是导致了问题的出现？这才是关键所在。

我们所能做的就是限制或者扩展我们的视角，让我们一切准备就绪，以最冷静的状态应对手头的任务，把它视为有选择

---

① 理查德·布兰森（Richard Branson），维珍集团（Virgin Group）创始人。20 世纪 80 年代，他通过维珍航空一举成功，现在他的企业王国触角遍及婚纱、化妆品、航空、铁路、唱片等行业，更跨入电子消费产品领域。——译者注

性的工作——不是为了欺骗他人，而是为了正确地定位自己。

这种方法是行得通的。微调可以改变以前似乎不可能完成的任务。突然间，在我们原本感到脆弱的地方，我们发现自己很坚强。通过不同的视角，我们发现了之前没有意识到的优势和潜力。

视角有两个定义。

1. 语境：理解世界大局的能力，而不仅仅是眼前的事物。

2. 框架：个人看待世界的独特方式，一种解释事件的方式。

两者都很重要，都可以有效地用来改变先前似乎令人望而生畏或不可能的情境。

乔治·克鲁尼①在好莱坞的第一年试镜中屡屡被拒绝。他期望制片人和导演喜欢他，但他们没有，这让他很痛苦，他责备所有人看不到他的优势。

这种视角我们应该很熟悉。我们在工作面试的时候，在向客户推销的时候，或者试图在咖啡店与一个有吸引力的陌生人建立联系的时候，我们常常采用这种视角。我们会下意识地陷入作家兼企业家赛斯·高汀②提出的“被选中的暴政”。

当克鲁尼尝试新视角的时候，一切都变了。他意识到，选

① 乔治·克鲁尼（George Clooney），美国著名演员、制片人和导演。他的代表作包括电影《晚安，好运》《迈克尔·克莱顿》等。他的多项成就和才华让他成为好莱坞最具影响力和最受尊敬的人之一。——译者注

② 赛斯·高汀（Seth Godin），美国营销大师、作家和创业家，曾担任多家公司的高管职务。他毕业于斯坦福大学计算机科学专业，之后在品牌营销和市场营销方面取得了巨大的成功。他出版了享誉国际的 18 本畅销书，这些书改变了人们对工作的看法，包括《喷嚏营销》《特许营销》《紫牛》《部落》《浅尝辄止》《做不可替代的人》《实践：让创意涌现》等。——译者注

角对制片人来说也是一个障碍——他们需要找到人，他们都希望下一个走进房间的就是他们要找的人。试镜是解决他们问题的机会，而不是他自己的。

在克鲁尼的新视角里，他就是那个解决方案。他不会是一个卑躬屈膝的人。他是一个有特别之处的人。他正是他们期盼的人，而不是相反。他开始在试镜中展示——不仅展示他的表演技巧，还展示为什么他就是恰当的人选。他了解选角导演和制片人在特定角色中所寻找的东西，他会在几乎每一种情况下表现出来，无论是在前期制作中、在拍摄中还是在宣传的过程中。

正确与错误视角之间的区别决定了一切。

我们如何解释我们生活中的事件以及我们的视角共同构建了我们后续反应的框架——无论是有反应还是只是选择躺平接受它。

头往哪里去，身体就跟到哪里。感知先于行动。正确的行动遵循正确的视角。

Is It up to You?

由你决定吗

在生活中，我们首先要做的是把事物分为两类：我无法控制的外部因素和我对它们做出的选择。至于好坏在哪里？它在我自己身上，在我所做的选择中。

——爱比克泰德

汤米·约翰[①]是棒球界最精明、最有耐力的投手之一，他在大联盟打了26个赛季。26季！他成为新秀的那年，肯尼迪在担任总统。他服役的最后一年，是老布什当政。他向米奇·曼特尔[②]和马克·麦奎尔[③]都投过球。

---

① 汤米·约翰（Tommy John），美国职业棒球运动员。他是棒球界首位接受韧带移植重建手术（将身体其他部位的韧带移植到手肘部位）的球员，故该项手术被俗称为“汤米·约翰手术”（Tommy John Surgery）。——译者注

② 米奇·曼特尔（Mickey Mantle，1931—1995），纽约扬基队著名球员，1974年被选入棒球名人堂。——译者注

③ 马克·麦奎尔（Mark McGwire），美国职业棒球运动员，曾在职业生涯中效力于奥克兰运动家队及圣路易斯红雀队。麦奎尔在他的职业棒球生涯中一直被视为强力打者。——译者注

这几乎是超凡的成就。他能够做到这一点是因为他非常擅长提问，以各种形式一遍又一遍地问自己和他人：这是机会吗？我有机会吗？有什么是我能做的吗？

他要的只是一个肯定的答案，无论这个机会多么微不足道、多么不确定或者多么短暂。只要有机会，他就会准备好并充分利用——尽一切努力并投入全部精力来实现它。如果努力可以影响结果，那么他会在球场上不惜一切甚至拼尽全力来争取成功，不会让这个机会白白浪费。

第一次事故发生在 1974 年赛季中期，当时汤米·约翰折断了手臂，投球手的肘关节尺侧副韧带永久性地损伤了。在棒球和运动医学领域，当一个投手因为手臂受伤而退出比赛时，那就意味着一切都结束了。

不过约翰不会接受这一点。有什么可以让他有机会重回赛场吗？还真有。医生建议他进行一项实验性手术，尝试用另一只手臂的肌腱代替他受伤的肘部韧带。“那手术后我有多大的概率回归？”“1%。”“如果不做手术呢？”“没有机会。”

他本可以退休的，但做这项手术有 1% 的机会。通过康复和训练，他有可能掌控这个机会。他接受了手术。在接下来的 13 个赛季中，他又赢得了 164 场比赛。现在这个手术被称为汤米·约翰手术。

过了不到 10 年，有一天，他的儿子从三层楼高的窗户惊险坠落，咬到了舌头，命悬一线。在这种情况下，约翰展现了他在接受肘部手术时所展现的相同精神和努力。即使处在急诊室的混乱中，医生对这个男孩存活不抱希望时，约翰也不断地提醒他的家人，无论是需要 1 年还是 10 年，他们都不会放弃，直到他们真正无法再做任何事情为止。

他的儿子最终完全康复。

约翰的棒球生涯几乎就在 1988 年结束了。当时他已经 45 岁了，而纽约扬基队在赛季结束时将他裁掉了。他依旧不接受这样的结果。他打电话给教练，并请求：如果他在下一个春训中以一个无名球员的身份出现，他会得到公平的机会吗？他们回答说，他这个年纪不应该再打棒球了。他又问了一遍：老实告诉我，如果我去那里，我有机会吗？球队官员回答说：是的，你会得到一次机会。

于是汤米·约翰第一个到营地报到。他每天训练好几个小时，运用了他在过去 25 年中通过打棒球所学到的教训，他成功地进入了球队大名单，并成为这项运动中年龄最大的球员。他参加了那个赛季的揭幕战并取得了胜利，在客场对阵明尼苏达的比赛中，他在七局中只丢了两分。

对于汤米·约翰可以改变的事情——当他有机会的时候——他会付出百分之百的努力。他曾经告诉教练，除非他死了，否则他不会退出比赛。作为一名职业运动员，他明白自己的工作是区分“不可能”和“不太可能”之间的微小差异。他能够看到这种微小差异，这是他成为杰出球员的原因之一。

为了借助同样的力量，康复中的“瘾君子”们学习宁静祷文[①]。

① 宁静祷文（Serenity Prayer）是一篇常被用于戒酒等的祷文，内容主要围绕着平静、勇气和智慧这三个关键词展开，旨在帮助人们在面对困难和挑战时保持冷静、坚韧和清醒的头脑。它通常被认为是由德国神学家雷茵霍尔德·尼布尔（Reinhold Niebuhr）所撰写。——译者注

上帝，请赐予我平静，去接受那些我无法改变的事物；赐予我勇气，去改变那些我能改变的事物；赐予我智慧，去区分这两者之间的区别。

戒瘾者通过学习宁静祷文来集中他们的精力。当你不必面对自己出生的事实，不必面对自己失去了一切时，戒瘾就变得更加容易。事情已经发生了。你改变它们的可能性为零。

如果你专注于你可以改变的东西呢？这才是你可以有所作为的地方。

宁静祷文的背后是一句两千年前的斯多葛学派格言："什么取决于我们，什么不取决于我们。"

那么什么取决于我们？

我们的情绪
我们的判断
我们的创造力
我们的态度
我们的视角
我们的愿望
我们的决定
我们的决心

可以说这是我们的竞技场。在这里一切都是公平竞争。

那么什么不取决于我们呢？

你所知道的其他的一切。天气、经济、环境、其他人的情绪或判断、趋势、灾难等。

如果我们可以掌控的是比赛的场地，那么比赛的规则和条件并不在我们的掌控之中。优秀运动员的一个重要特质是集中精力和注意力在他们可以控制和改变的事情上，而不会花费时间在那些无法改变的因素上（因为没有意义）。

争论、抱怨，或者更糟，干脆放弃，这些都是选择。这样的选择往往无助于我们越过终点线。

当谈到感知时，我们要确认一个关键点：区分事情是在我们能力范围之内还是之外。能够成就大事的人和无法保持清醒的人之间的区别就在于此——不仅要避免酗酒，还要避免所有成瘾。

从某种程度上讲，我们追逐的“恶龙”会让我们认为自己可以改变那些根本不受我们控制的事情。比如，有人决定不为你的公司提供资金，这不在你的控制范围之内。但是，改进和提升你的创意提案，是在你的掌控之中的。如果有人窃取了你的创意或者先你一步实现了这个想法，你无法改变这个事实，但你可以改变你的方向、完善创意或者为自己争取权益。

如果我们专注于我们能够控制和改变的事情，我们就会更好地发挥自己的力量。如果我们把精力花费在我们无法控制和影响的事情上，那么这就是一种浪费，会导致自我放纵和自我毁灭。这么多的能量——我们的和其他人的——就这样被浪费掉了。

将障碍视为挑战，不管怎样都要尽力而为，这也是一种选择——一种取决于我们的选择。

教练，我还有机会吗？

这取决于我吗？

Live in the Present Moment

活在当下

一

忽视大局的诀窍是近距离观察一切。

——恰克·帕拉尼克[①]

让我们来看看在经济萧条或经济危机期间创办的企业名单。

《财富》(*Fortune*)杂志——1929年股市崩盘后的90天

联邦快递(FedEx)——1973年石油危机

美国联合包裹运送服务公司(UPS)——1907年金融危机

华特迪士尼公司(Walt Disney Company)——经过11个月的平稳运营，第12个月就是1929年的股市崩盘

---

① 恰克·帕拉尼克(Chuck Palahniuk)，美国小说家和自由记者。他的小说作品常常探索人类心理，探讨社会文化问题。他的风格独特，故事结构非线性，充满黑色幽默和反叛精神。他于1996年发表的小说《搏击俱乐部》最为著名，被改编成同名电影，成为文化现象，并使他在文学界获得了广泛的关注和认可。——译者注

惠普（Hewlett-Packard）——1935 年大萧条

嘉信理财（Charles Schwab）——1974—1975 年的股市崩盘

标准石油（Standard Oil）——洛克菲勒收购了合伙人的股份，并于 1865 年 2 月，即美国内战的最后一年接管了公司

库尔斯（Coors）——1873 年大萧条

开市客（Costco）——20 世纪 70 年代末的经济衰退

露华浓（Revlon）——1932 年大萧条

通用汽车（General Motors）——1907 年金融危机

宝洁公司（Procter & Gamble）——1837 年金融恐慌

美国联合航空公司（United Airlines）——1929 年危机

微软（Microsoft）——1973—1975 年经济衰退

领英（LinkedIn）——2002 年互联网泡沫后

对大多数企业而言，它们很少意识到自己正处在一场具有历史意义的经济萧条中。为什么？因为创始人忙于活在当下——实际上是忙于处理眼前的情况。他们不知道形势会变得更好还是更糟，他们只知道现在发生了什么。他们有一份自己理想的工作，一个他们坚信不疑的好主意，或者一个他们认为可以销售的产品。他们要支付工资。

然而在我们自己的生活中，我们不满足于只应对眼前发生的事情。我们不断深入探究每件事情的“意义”，某件事情是否“公正”，它“背后”隐藏了什么，以及其他人在做什么。然后我们想知道为什么我们没有精力来真正处理我们的问题。或者我们因为过度思考而让自己变得焦虑和胆怯，而如果我们直接

开始工作，我们可能已经完成了。

我们对商业世界的理解常常与故事和神话混在一起。这是一件有趣的事情，因为我们过度关注个人而错过了真实的故事。事实上，《财富》500强企业中有一半是在熊市或经济衰退期间成立的。一半。

其实大多数人都始于劣势（通常他们没有意识到自己处于不利地位），但他们仍然能做得很好。这并不是不公平的，而是普遍存在的。那些幸存下来的人，他们幸存下来是因为每天都在做事——这才是真正的关键。

专注于当下，而不是前方可能出现的恐惧或困难。

创业者也需要面对各种经营限制，要努力争取任何可能的收益。那些有创业精神的人就像动物一样，很庆幸的是他们没有时间和能力想太多，不会浪费时间去考虑过去或未来。

对除了人类以外的所有物种来说，事情只是它们本来的样子。我们的问题是，我们总是试图弄清楚事情的意义——为什么事情是这个样子。仿佛这个“为什么”很重要。爱默生[①]说得最为贴切：“我们不能花一整天来解释。”不要浪费时间在虚假的构想上。

无论现在是最糟糕的时代还是最好的时代，无论你处在良好的就业市场还是糟糕的就业市场，或者你面临的障碍是令人

① 拉尔夫·沃尔多·爱默生（Ralph Waldo Emerson，1803—1882），美国思想家、文学家、诗人，对美国文学、哲学和文化产生了重要的影响，被誉为“美国文学的奠基人”和“美国文化的精神领袖”。——译者注

生畏的还是繁重不堪的，都不重要。重要的是，现在就是现在。

障碍对我们的影响仅存在于理论上——它们存在于过去和未来。我们活在当下。我们越是接受这一点，面对和克服障碍就会变得更加容易。

你可以将你正在处理的麻烦视为一个专注于当下的机会。忽略你处境的全貌，学会满足于当下。不要设定任何需要符合你未来预测的“路径”，因为你无法做出任何预测。让每个新的时刻都是一个刷新，擦去过去的和其他人希望接下来发生的事情。

你会找到最适合自己的方法，有很多事情可以帮你关注当下：大量运动、在公园里散步、冥想、养狗——无论你有多想去做其他事情。

有一件事是肯定的。不仅仅要说：哦，我会活在当下。你也需要做到。当思绪游离要及时制止——不要让它飘走。摒弃会分散注意力的想法。不管你有多想去做其他事情，都要放下，让事情自然地发展。

但是，当限制视野的选择更像是编辑而不是行动时，这就容易多了。请记住，这一刻不是你全部的人生，它只是你人生中的一个瞬间。专注于眼前的事情，就是现在。忽略它“代表什么”或“意味着什么”或“为什么会发生在你身上”。

现在还有很多其他的事情需要关心。

Think Differently

换位思考

天赋是一种把内心想法付诸实践的能力。没有其他的定义。

——弗朗西斯·斯科特·菲茨杰拉德

史蒂夫·乔布斯以观察者所谓的“现实扭曲力场”而闻名。这种现实扭曲力场既是一种激励策略，又是一种纯粹的动力和野心，让他对“做不到”或“我们需要更多时间”等说法不屑一顾。

早年的生活教给乔布斯一个教训：人们在孩提时代学到的规则和妥协把现实错误地设限了。因此，他对可能性有了更加积极的想法。在他看来，当你加入了远见和职业道德，生命中的许多事情都是可塑的。

例如，在设计一款早期苹果产品的新鼠标时，乔布斯对此寄予厚望。他希望鼠标能在任何方向上流畅地移动——这对当时的任何鼠标来说都是一项全新的开发——但他的一位设计师告诉首席工程师，这在商业上是不可能实现的。乔布斯想要的不现实，也行不通。第二天，首席工程师来上班时发现乔布斯已经解雇了说这番话的员工。接替他的员工来了以后，第一句话是："我可以造这个鼠标。"

这是乔布斯对现实的看法。一切是可塑的、坚定的和自信的。这并不是幻觉，而是为了实现某些目标。他知道，如果目标低，就只能接受平庸的成就。但如果目标高，且事情顺利，就能创造出非凡的东西。他就像拿破仑一样对士兵喊道："阿尔卑斯山不在我的考虑之内！"

对大多数人来说，这样的自信并不容易获得。这是可以理解的。我们生活中很多人都鼓吹需要保持现实或保守行事，甚至更糟的是——不要搅局。在尝试做大事的时候，这样的做法就是一个巨大的劣势。因为，尽管我们的怀疑（和自我怀疑）有可能是真实的，但这对什么是可能的、什么是不可能的几乎没有影响。

我们的认知在很大程度上决定了我们能做什么和不能做什么，甚至在很多方面决定了现实本身。当我们更相信障碍而不是目标时，哪一方必然会胜利呢?

让我们想想艺术家的例子。正是他们独特的视野和艺术风格推动了"艺术"的定义向前发展。在意大利画家卡拉瓦乔的黑暗杰作让我们震惊之前和之后，艺术家所能做的事情是截然不同的。任何其他思想家、作家或者画家在他们的时代出现，同样改变了这些领域的面貌。

这就是为什么我们不应该太在意别人说什么（或者听我们头脑中的声音在说什么）。我们会发现自己常常无所作为。

保持开放的心态，拥抱疑问。

尽管我们不能控制现实，但我们的感知确实会影响对它的看法。

在第一台麦金塔电脑（Macintosh，简称 Mac）预计发货前的一周，工程师告诉乔布斯他们可能赶不上最后的期限。在一个匆忙召开的电话会议上，工程师解释说，他们只需要再有两周的时间，一切就可以准备好。乔布斯的反应很平静，他向工程师解释说，如果他们能在两周内完成，他们肯定也能按预期时间完成——这么短的时间并没有本质的区别。而且，更为重要的是，既然他们已经走到了这一步，他们做了这么多出色的工作，不能不在原定的发货日期——1 月 16 日发货。工程师集结起来，赶上了他们的最后期限。乔布斯的坚持让他们再一次超越了他们所认为的可能。

现在，我们通常如何处理上级下达的不可能完成的最后期限？我们抱怨，我们生气，我们质疑。他们怎么能这样做？重点是什么？他们怎么能这样对我？我们为自己开脱，为自己难过。

当然，这些事情并不影响最后期限的客观现实。这不同于前进所能达到的效果。乔布斯拒绝容忍那些不相信自己能够成功的人。即使他的要求是不公平的、不舒适的或者雄心勃勃的。

他在产品上的天赋和奇迹——通常让人觉得不可思议的直觉和未来主义——充分体现了这种特质。他突破了其他人认为艰难的限制，因此，他创造了一些全新的东西。没有人认为苹果公司可以生产出它现在制造的产品。事实上，乔布斯曾在

1985 年被赶下台过，因为当时的董事会成员认为苹果公司进军消费产品是一个“疯狂的计划”。很显然，他们错了。

乔布斯学会了拒绝最初的判断和由此产生的反对意见，因为这些反对意见几乎总是源于恐惧。当他为第一代 iPhone 手机订购一种特殊的玻璃时，制造商对紧迫的截止日期感到震惊。他们说：“我们没有能力生产。”乔布斯回答：“别害怕，你们可以的。设法解决它，你们能行的。”几乎在一夜之间，制造商将他们的设备变成了制造玻璃的庞然大物，并且在六个月内，他们的产量足以满足 iPhone 手机的首批发售。

这与我们被教导采取行动的方式截然不同。我们被告知要现实一点，听取反馈，和别人合作、妥协。那么，如果“对方”错了怎么办？如果传统智慧过于保守怎么办？正是这种抱怨、推迟然后放弃的常见冲动让我们退缩了。

企业家是相信自己有能力在没有任何基础的情况下完成某事的人。对他们来说，还没有人做过是一件好事。当被分配到不合理的任务时，有些人会正确地将其视为一个测试自己能力的机会——他们全力以赴，他们充分了解获胜的困难程度。他们将其视为一个机会，因为那种绝望的、没有什么可失去的状态往往是最有创造力的。

这会使我们萌生出最好的想法，障碍揭示了新的可能。

Finding the Opportunity

寻找机会

一个好人可以将事件染上自己的色彩……并让发生的任何事情都对自己有利。

——塞涅卡

德国闪电战（German Blitzkrieg）是现代战争中最令人生畏和震惊的演进之一。在第二次世界大战中，德国人希望避免以前旷日持久的堑壕战。因此，他们将机动师集中成快速、狭窄的进攻部队，让敌人措手不及。

装甲坦克纵队像矛尖一样冲进波兰、荷兰、比利时和法国，造成了毁灭性的结果，几乎没有遭到反抗。在大多数情况下，对方指挥官都直接选择投降，而不是面对一个无敌的、不知疲倦的怪物向他们逼近。闪电战战略旨在利用敌人的退缩——敌人在看到压倒性的力量时会瞬间崩溃。它的成功完全取决于这种反应。这种军事战略之所以奏效，是因为被攻击的部队认为进攻力量是一座正在压向他们的巨大障碍物。

这就是盟军反对派在大部分战争中对闪电战的看法。他们只看到它的力量，以及在它面前自己的脆弱性。在盟军成功登陆诺曼底后的数周和数月内，他们再次面对同样的状况：一系列大规模的德军反攻。他们怎么能阻止德国部队？德国部队会把他们赶回他们刚刚以如此高昂的代价建立的阵地和滩头吗？

一位伟大的领导者回答了这个问题。德怀特·艾森豪威尔将军大步走进位于马耳他总部的会议室，他没有其他泄气的将军们那种颤抖的胆怯，他宣布："目前的情况对我们来说是机遇，而不是灾难。"他同时命令道："在这张会议桌旁，应当只有欢快的面孔。"

在汹涌澎湃的反攻中，艾森豪威尔看到了一直摆在他们面前的战术解决方案：纳粹军队的战略对其自身就具有毁灭性。

只有这样，盟军才能从障碍中看到机会，而不仅仅是看到威胁。可以预见，只要盟军能够坚韧不拔、不屈不挠，这次攻击就会让超过 5 万德国人一头扎进网中——或者用巴顿[①]贴切的话说，这是一个"绞肉机"。

人们担心阿登战役[②]和之前的法莱斯口袋战役[③]会是一次重

① 小乔治·史密斯·巴顿（George Smith Patton Jr.，1885—1945），美国陆军将领，是二战中最知名的指挥官之一。——译者注

② 阿登战役（Battle of the Bulge），发生于 1944 年末至 1945 年初，是德国最后一次在西线发动的大规模反攻行动。最终盟军通过坚定的防御和反攻，挫败了德军的计划并获得胜利。这次战役是二战中最著名的战役之一，也是欧洲战场上最具标志性的战役之一。——译者注

③ 法莱斯口袋战役（Battle of the Falaise Pocket），又称"法莱斯战役"，是二战期间在法国进行的一场战役。德军在这场战役中损失了约 10 万人，并被迫撤退到法国以东。这场战役是二战中盟军在欧洲的胜利之一，也标志着盟军在法国的胜利，加速了德国在欧洲的失败。——译者注

大的逆转和盟军势头的终结，而实际上这两次战役成了他们最大的胜利。通过逼迫德军穿过一个向前的狭长地带，然后从侧面攻击，盟军最终从后方完全包围了敌人。德国装甲车的无敌、穿透力在这种情况下不仅无能为力，而且是一种自杀——这是一个教科书式的例子，说明了为什么你永远不要让你的侧翼暴露在外[①]。

更为重要的是，这是一个范例，是我们自己的感知在与对手对抗的成败中所扮演的角色。

不要被障碍压得喘不过气来，也不要因为它们而气馁或者沮丧。很少有人能够做到这一点。但是当你控制住了自己的情绪，从客观和中立的角度观察，下一步变得可能：一个心理翻转，你看到的不是障碍，而是障碍背后的机会。

正如劳拉·英格斯·怀德所说："只要我们努力寻找，凡事皆有优点。"

然而，我们往往缺乏正确的观察方法或视角。我们忽视我们的天赋。设想一下，如果你站在艾森豪威尔的立场上，一支军队向你冲来，你只能看到即将到来的失败。战争还会持续多久？有多少人会在战争中丧生？

问题在于我们的刻板印象。他们告诉我们事情应该或需要以某种方式进行，因此当事情没有按照我们的预期发展时，我们自然会认为自己处于劣势，或者会浪费时间去追求另外的

① "你永远不要让你的侧翼暴露在外"是一句战争中的经典教训，指的是不要让自己的侧翼暴露在敌人的攻击范围之内，因为这将使自己处于极度脆弱的地位。——译者注

方式。然而事实上，一切皆有可能，每种情况都是我们行动的机会。

让我们以曾经的经历举例：当我们有一个糟糕的老板时，我们看到的只是悲惨的境况。我们只看到了压倒性的东西。我们选择退缩。

但是，如果你把这视为机会而不是灾难呢？

如果你真的觉得你已经走投无路并且宁愿退出时，这恰好是一个特别的机会来成长和提高自己。一个独特的机会来尝试不同的解决方案，尝试不同的策略，或者开启新的项目来增加你的技能。你可以研究这个糟糕的老板并从他身上学习——同时完善你的简历并在其他地方找一份更好的工作。你可以尝试新的沟通方式，为自己的工作做好准备，所有这些都为自己提供了一个完美的庇护：辞职并离开那里。

有了这种全新的姿态加上你的无所畏惧，你也许可以做出让步，没准你发现自己又喜欢上这份工作了。总有一天你的老板会犯错，然后你可以采取行动并以策略战胜他们。这样做会比其他选择——抱怨、说坏话、口是心非、没有骨气——感觉更好。

或者用长期竞争对手（或竞争对手公司）举例，那个让你头疼不已的人？请注意一个事实，他们会：

- 让你保持警觉
- 增强你的风险意识
- 激励你去证明他们的错误

- 使你变得更坚强
- 让你感激真正的朋友
- 提供一个有启发性的反面观点——一个你不想成为的例子

或者那个抹掉了你所有工作的电脑故障？因为你再做了一次，你现在会做得比之前好一倍。

那个被证明是错误的商业决策呢？可以这样看，你有一个假设，结果证明假设是错误的。为什么这会让你感到心烦意乱？科学家不会被这样的状况激怒，反而会受到启发。也许下次不要下这么大的赌注。不过现在你已经了解到两件事：一是自己的直觉是错误的，二是自己真正的冒险意愿。

福祉和负担并非相互排斥。事情往往复杂得多。苏格拉底有一个刻薄、唠叨的妻子。他总是说，和她结婚是很好的哲学实践。

当然，如果可以，你会想避免一些消极事情。但是，你是否还记得这样的时刻，虽然我们一开始极力避免它们，那些不幸的情况似乎总是会带来一些意想不到的好处或积极的结果。

近期，运动心理学家对一些遭遇逆境或严重受伤的精英运动员进行了研究。最初，每个人都报告感到孤立、情绪紊乱和对自己的运动能力产生了怀疑。然而随后，每个人都报告获得了帮助他人的愿望、更广阔的视野以及对自己的力量有了新的认识。换句话说，他们在受伤期间感受到的每一种恐惧和怀疑都转化为在这些确切领域的更强能力。

这是个令人欣喜的结果。心理学家称之为对抗性成长和创伤后成长。“杀不死我的会让我更强大”不是陈词滥调，而是事实。

面对障碍的挑战不可避免地推动战斗者达到一个更高的表现水平。斗争的程度决定了成长的程度。障碍是一种优势，而不是逆境。敌人设法阻止我们认识到这一点。

在我们讨论过的所有策略中，这是你始终可以使用的策略。一切都可以翻转，可以用这种犀利的目光和视角来看待世界：无视外表，只看到内在的礼物。

或者我们可以全力对抗。结果却是一样的。障碍依然在那里，有可能伤害少一点。但在障碍外壳下的好处仍然存在。什么样的人决定不接受这些？

其他人正在避免或退缩的情形，我们则感激能有这样的机会。

当人们：

——粗鲁或不尊重：

他们低估了我们。这是我们的一个巨大的优势。

——同流合污：

当我们拿他们杀鸡儆猴时，我们无须为此道歉。

——批评或质疑我们的能力：

较低的期望更容易超越。

——懒惰：

让我们完成的任何事情都显得更加令人钦佩。

令人吃惊的是：这些都是非常好的起点，在某些情况下，甚至比你在最好的情况下所希望的还要好。对于某人的礼貌或控制力有什么好处呢？在那些立即引起消极反应的行为背后隐藏着机会——一些我们可以在心理上抓住并采取行动的益处。

因此，专注于这一点——在每一个看似不利的情况下，你都会收到一份礼物，尽管礼物的包装不好、看上去有些令人反感。但包装之下的东西是我们需要的——通常是真正有价值的东西，大有裨益的礼物。

这里不是在说“乐观心态”的陈词滥调。这必须是一个完全的转变。透过消极，看到它的反面，并进入它的内在——积极的一面。

Prepare to Act

准备采取行动

那么，模仿老虎的行动吧；让我们的筋肉绷紧，激起我们的内在力量。[①]

——莎士比亚

问题很少像我们想象的那么糟糕——或者说，它们恰恰就是我们想象的那么糟糕。

如果能够意识到最糟糕的事情永远不是事件本身，而是在事件中失去理智，这已经是向前迈出了一大步。因为如果失去理智，你会遇到两个问题（其中一个是不必要的，另一个是由后果推论出来的）。

对你的要求是这样的：一旦你看到了世界的本来面目，就

① 这句话出自威廉·莎士比亚创作的戏剧《亨利五世》，是亨利五世在战前为鼓舞士气发表的著名演讲中的一句话。在这个演讲中，亨利五世鼓励士兵要振作精神，勇往直前，为国家和民族而战。这句话被广泛引用，激励人们在面对挑战时保持勇气和决心。——译者注

必须采取行动。正确的认知——客观的、理性的、雄心勃勃的——可以隔离障碍并发现它的本来面目。

头脑越清醒，行动越可靠。

然后将行动付诸实践，才能从障碍中获得益处。

我们都不得不在生活中做出假设，我们必须权衡利弊。没有人要求你戴上玫瑰色的眼镜看世界。没有人要求你英勇地失败或者去殉道。

但是，勇气是无论你是否理解负面和障碍的现实，都会大胆地行动。你要决定去解决那些阻碍你前进的事情——不是因为你是一个违抗概率的赌徒，而是因为你已经深思熟虑地计算了概率并勇敢地接受了风险。

毕竟，现在你已经能适当地应用感知，那么下一步就是采取行动了。

你准备好了吗？

第二章
行动

什么是行动？行动是司空见惯的，但正确的行动并不常见。不是任何行动都有纪律可言，而是有针对性的行动才是。一切都必须为整体服务。我们将一步一步、一个行动一个行动地打破面前的障碍。凭借坚持和灵活性，我们将为我们的目标服务。行动需要勇气，而不是鲁莽行事——需要创造性的应用，而不是蛮力。我们的举动和决定定义了我们自己：我们必须确保以谨慎、大胆和坚持的态度去行动。这些才是正确和有效的行动所具备的品质。别无他法——不是思考或逃避或借助他人的帮助。行动才是解决和消除我们困境的方法。

The Discipline of Action

行动的纪律

几乎没有什么迹象表明狄摩西尼会成为雅典最伟大的演说家，更不用说成为历史上最伟大的演说家。他生来就体弱多病，几乎无法言语。七岁时，他失去了父亲。之后的事情变得更糟了。

留给他的巨额遗产本应用于支付家教和最好的学校的费用，但他的监护人侵吞了这笔钱。他们拒绝支付他的家教费用，剥夺了他受教育的权利。因为身体依然虚弱，狄摩西尼无法在希腊的另一个关键领域——体育场的比赛中脱颖而出。

这是一个没有父亲、“娘娘腔”、笨拙的孩子，没有人理解他，每个人都嘲笑他。你绝对不会想到，这个男孩很快就能仅仅凭借他的声音动员一个国家参战。

狄摩西尼天生处于不利的地位，被他依赖的人抛弃，几乎所有能够加诸一个孩子的不幸都降临到他身上。这一切都很不公平，都不正确。我们中的大多数，如果处在他的位置，可能早就放弃了。但狄摩西尼没有。

他年少时曾经目睹过一位伟大演说家在雅典法庭上的演说，那个形象深深地印在他的脑海里。这位演说家单枪匹马，技巧熟练并且强大，受到了人们的尊敬，他的每一句话都让听众陷入深思，他只用声音和思想的力量就击败了所有的反对声音。这启发并激励了狄摩西尼，他虚弱、受挫、无力和被忽视；在很多方面，这个自信的演说家是他的反面。

于是，他开始了行动。

为了克服语言障碍，狄摩西尼为自己设计了一套奇特的锻炼方法。他会用鹅卵石填满嘴巴并练习说话。他在风中或爬上陡坡时排练了完整的演说。他学会了用一口气完成整个演说。很快，他那微弱的声音变得雄浑、有力而且清晰。

狄摩西尼把自己关在地下室里——确切地说，是在他修建的掩体里——以便自学和自我教育。为了确保自己不会被外部干扰，他剃掉了一半头发，这样就会因为尴尬而不好意思出门了。从那时起，他每天都准时走进自己的学习室，为了提高自己的演说能力，他不断练习自己的声音、面部表情和论点。

当他冒险外出的时候，是为了学到更多东西。每时每刻、每次交谈、每次交易，都是他提高演说水平的机会。所有这些努力都是为了一个目标：在法庭上面对他的敌人时，可以夺回他被夺走的一切。他做到了。

当他成年后，他终于向那些曾经不公正对待他的不尽职监护人提起了诉讼。然而他们雇用了律师让他的努力付诸东流，但他拒绝放弃。他要与他们一搏，他灵活并有创造力，发表了无数次演说。他对自己的优势信心十足，他所付出的艰苦劳动不断推动着他前行，他们最终招架不住。狄摩西尼取得了胜利。

原本的遗产所剩无几，但钱财已经变得不那么重要。狄摩西尼作为演说家的声誉、掌控人群的能力以及他无与伦比的法律知识，比曾经的巨额财富更有价值。

他发表的每一次演说都让他变得更加坚强，他坚持的每一天都让他更加坚定。他能看透欺凌者，勇敢地面对恐惧。在与他不幸的命运做斗争中，狄摩西尼找到了自己真正的使命：他将成为雅典的代言人、伟大的演说家和良知的代表。正是因为他经历过的一切以及他对此做出的反应使他取得成功。他将自己的愤怒和痛苦投入训练中，然后再投入演说中，用一种无与伦比的猛烈和力量来推动自己。这一切无法匹敌，也无法抗拒。

曾经有学者问狄摩西尼演说的三个要素是什么。他的回答说明了一切：“行动，行动，行动！”

当然，狄摩西尼失去了他应继承的遗产，这很不幸。但在面对这个现实的过程中，他塑造了一个更好的现实——一个永远无法从他身上夺走的现实。

但是，当你拿到一手坏牌时，你的反应是什么？你会放弃吗？还是会全力以赴？爆炸来了，无论是隐喻的还是实际的，你会是那个朝它跑去的人吗？还是会逃离它？或者更糟糕的是，你会被吓得瘫倒在地，什么也不做吗？

这种性格的小测试暴露了我们的一切。

很遗憾，很多人没有通过测试——选择不采取行动。因为这种行为是自然而然的、与生俱来的。如果你现在被绊倒了，你的身体会本能地保护你。你会伸出手来支撑地面，以免伤到脸。在严重的事故中，你可能会陷入昏迷，但仍然会设法把手臂挡在脸前。这就是“防御性伤口”这个词的由来。我们不思考、不抱怨、不争论，我们会行动。我们拥有真正的力量——比我们所知道的力量还要强大。

但是在我们的生活中，当我们最坏的本能控制着我们的时候，我们选择拖延。我们没有像狄摩西尼那样行动，我们表现得脆弱，无力让自己变得更好。我们也许能够阐明一个问题，甚至提出潜在的解决方案，但是几周、几个月，甚至几年后，问题仍然存在，有可能情况变得更糟。我们似乎期望别人会解决它，仿佛我们真的相信障碍有自己消失的可能性。

我们都这么做过。我们会说："我太不堪重负、疲惫、压力大、忙碌、受阻、力不从心了。"

然后我们会怎么做呢？我们外出聚会，犒劳自己，睡懒觉，或者等待。

忽视或假装感觉更好。但你深知这并不会真正让事情变得更好。你必须采取行动。你必须从现在开始行动。

我们可能忘记了：在生活中，你经历过什么，你来自哪里并不重要。重要的是你如何应对发生的事情以及你得到了什么。唯一能让你取得惊人成就的方法就是充分发挥你的全部优势。

有些人总是能够把坏事变好——比我们遭遇更加糟糕的事情，比如身体残疾、种族歧视、对抗具备压倒性优势的军队等。

但是那些人没有放弃，没有自怨自艾，也没有自欺欺人地幻想简单的解决方案。他们专注于唯一重要的事情：投入全部的热情和创造力。

有些人生来就一无所有，生活在贫困、动荡或几十年的混乱之中，有些人没有机会体验或享受现代社会的公平、好坏的概念。因为这些概念对他们统统不适用。他们所知道的、拥有的就是眼前的一切。但他们没有抱怨，而是淡然处之，尽力做到最好。他们不得不这样做，因为他们别无选择。

没有人想生来就是弱者或者成为受害者。没有人想身无分文。没有人想被阻挡在前进的路上。他们并非没有觉察这些情况，并非无动于衷，或者更确切地说，并非完全免疫，行动是克服这些困境的唯一途径。事实上，只有行动能对这些情况做出反应。

并不是说你不能花一点时间去想“该死，这太糟糕了”。当然，你可以宣泄一下，放松一下，仔细回顾一下情况。只是不要花太长时间。因为你必须回到工作中。因为我们克服的每个障碍都会让我们变得更强大，为下一个障碍做好准备。

但是……

不。不要找借口。没有例外。没有捷径可走：这取决于你。

我们不能奢望逃避或者躲藏起来，因为我们有非常具体的事情要做。我们有一个障碍需要努力克服并将其转化。

没有人会来拯救你。如果我们想要去我们声称想去的地方——实现我们所说的目标——只有一种方法。那就是用正确的行动来应对我们的问题。

因此，我们可以始终（也只能）用以下方式迎接我们的障碍：

- 充满能量
- 持之以恒
- 有一个清晰而深思熟虑的过程
- 不断迭代和坚韧不拔
- 务实
- 拥有战略眼光
- 足智多谋
- 关注机会和关键时刻

你准备好开始行动了吗？

Get Moving

开始行动

我们每个人都只有两种选择，要么磨损殆尽，要么生锈腐朽。我的选择是磨损殆尽。

——西奥多·罗斯福

阿梅莉亚·埃尔哈特想成为一名伟大的飞行员。但在20世纪20年代，人们普遍认为女性身体娇弱、缺乏力量和毅力。那时候距妇女获得选举权甚至还不到十年的时间。

她无法以飞行员的身份谋生，于是找了一份社会工作者的工作。有一天，她的电话响了。电话那头的男人提出了一个非常冒犯的提议，大致是这样：“有人愿意资助第一位飞越大西洋的女性。我们的第一人选已经退出了。我们不需要你真正驾驶飞机，且将派两个男人作为陪护，他们会得到巨额报酬，而你什么也得不到。哦，还有，你很可能会在飞行过程中丧生。”

你知道她对那个提议说了什么吗？她说“好的”。

因为这就是那些反抗命运的人所做的事情。那些在某些领域变得杰出的人——无论是飞行还是打破性别的刻板印象——都是这样做的。他们从任何地方、以任何方式开始。他们不在乎条件是否完美，也不在乎自己是否受到轻视。因为他们知道，一旦开始，只要能获得一些动力，他们就可以让整个挑战或计划变得成功。

阿梅莉亚·埃尔哈特也是如此。不到五年的时间，她就成为第一位独自飞越大西洋的女性，并且理所当然地成为世界上最著名和受人尊敬的人之一。

但如果她对那个令人反感的提议嗤之以鼻，或者坐在那里自怨自艾，这一切都不会发生。如果她在第一次成功之后就停下了，这一切也不会发生。重要的是她抓住了机会并继续前进，这是她成功的原因。

生活有时会令人沮丧。我们通常知道自己的问题是什么，甚至可能知道如何解决它们。但我们害怕采取行动会过于冒险，我们缺乏经验，或者这不是我们想象中的方式，或者因为这样做成本太高，因为时机还不成熟，因为我们认为可能会出现更好的机会，因为方法可能行不通。

你知道结果会怎样吗？什么都没有发生。我们什么都没做。

告诉自己：过去的时代已经过去了。起风了，钟声已经敲响。我们可以抓住机会，乘风而行。

我们经常假定整个世界在按照我们的意愿和时间表运转。当我们应该采取行动时，我们却在拖延。当我们应该奔跑或者需要全速奔跑时，我们只是慢慢地小跑。然后我们感到震惊——震惊！——因为什么大事都没发生，机会从未出现，新的障碍不断地堆积，甚至最终连敌人们都齐心协力了。

他们当然会这样做，因为我们给了他们喘息的空间。我们给了他们机会。

因此，第一步是：从肩膀上拿下球棒，挥动一下。你必须开始，才能到达任何地方。

假设现在你已经这样做了。太棒了。你已经领先于大多数人了。但问一个坦诚的问题：你能做得更多吗？你可能可以——但总是有更多的事情要做。至少，你可以更加努力尝试。你可能已经开始了，但你没有付出全部的努力——这一点显而易见。

这会影响你的结果吗？毫无疑问。

在二战的最初几年，对英军来说，没有比被派往北非前线更糟糕的任务了。英国人喜欢条理和秩序，讨厌严酷的天气和地形，这对他们的机器和计划造成了严重的破坏。他们的行为反映了他们的情感和感受：缓慢、胆怯、谨慎。

然而，德国陆军元帅埃尔温·隆美尔喜欢北非战场。他把战争视为一场游戏，一种危险、鲁莽、混乱、快节奏的游戏。最重要的是，他以难以置信的能量投入到这场游戏中，不断鼓励他的部队向前，保持进攻的态势。

德军有一句关于他的名言：隆美尔在哪里，前线就在哪里。

那么下一步就是：踏上马镫，全力以赴。

这绝对不是人们对大多数领导者的评价。当 CEO 们拿着过高的薪水，习惯性地休着漫长的假期，或者躲在自动回复的电子邮件后面的时候，有一些初创公司的程序员则是一天工作

18 个小时编写着代码，他们可能对现有的公司造成威胁，甚至可能摧毁这些 CEO 的公司。让我们实话实说，我们在面对（或没有面对）问题时有可能更接近于前者而非后者。

当你在睡觉、旅行、参加会议或者在网上闲逛的时候，同样的事情也会发生在你身上。你正变得软弱无力，你不够激进，你没有前行。你有无数的理由告诉自己，为什么不能更快地前进。所有这些都让生活中的障碍变得非常大。

出于某种原因，如今我们往往低估了进攻性、冒险精神、不断前行的重要性。可能是因为这些概念与暴力或男子气概有着负面的联系。

不过，从埃尔哈特身上，我们看到这不是事实。事实上，在她的飞机侧面写着“永远思考前行”。就是说：你永远不能放慢你的飞行速度，因为如果你这么做，你就会坠毁。你当然要谨慎地前进，但永远要向前推进。

这就是成功的最后一步：始终保持前进。

和埃尔哈特一样，隆美尔以史为鉴，他知道那些以最大的主动性和精力来解决问题并生活的人通常会获胜。他不断地向前推进，把非常谨慎的英国军队压得喘不过气来，最终对他们造成了毁灭性的影响。

隆美尔在昔兰尼加、图卜鲁格和突尼斯的一系列攻势，取得了战争史上最惊人的胜利。他早早开始行动，当英国人还在试图适应环境的时候，他已经能够在这个星球上最荒凉的地形中找到几乎无法阻挡的优势。他直奔北非那片毫无生气的战场，克服了遥远的距离、致盲的沙尘暴、烈日炎炎和缺乏水源的困难，他永远不会停止前进。

这甚至让他的指挥官们都感到惊讶，因为他们一次又一次地试图减缓隆美尔的步伐。他们更喜欢深思熟虑和讨论，而不是进攻。这对隆美尔和他的军队所建立的势头产生了毁灭性的影响——就像在我们自己的生活中一样。

因此，当你在追求目标的过程中感到沮丧时，不要坐在那里抱怨你没有得到想要的东西，或者抱怨这个障碍还在。如果你都不曾尝试，那么你当然会停留在原地。实际上，你就没有真正地追求过你的目标。

我们在社会上经常谈论勇气，但我们忘记了，从其最基本的层面来看，勇气就是要采取行动——无论是接近你害怕的人还是终于决定研究你需要学习的某个主题。就像埃尔哈特一样，所有你所敬佩的伟大人物都是从说“是的，让我们去吧”开始的。而且他们通常是在比我们遭遇的更不理想的情况下这样做的。

仅仅因为条件并不完全符合你的喜好，或者你觉得还没有准备好，并不意味着你可以停滞不前。如果你想保持势头，你自己必须立刻创造时机，起身并开始行动。

Practice Persistence

坚持不懈地实践

他说最好的出路总是通过坚持不懈的实践，

我同意这个观点，或者说就我所能看到的，

没有别的出路，唯有通过坚持不懈的实践。

——罗伯特·弗罗斯特[①]

在将近一年的时间里，尤利西斯·格兰特将军试图攻破维克斯堡[②]的防御工事。维克斯堡是一座位于密西西比河的悬崖上的城市，对南方联邦政府而言，控制这条最重要的河流至关重要。他试图正面攻击，试图绕开，花了数月挖

① 罗伯特·弗罗斯特（Robert Frost，1874—1963），美国著名诗人和散文家，曾多次获得诺贝尔文学奖提名，多次获得普利策文学奖。文中这句话出自弗罗斯特的诗歌作品《房子里的仆人》（*The Servant in the House*），这句话体现了他对于人生哲学的一种态度和观点。——译者注

② 维克斯堡（Vicksburg）是美国密西西比州西部城市，曾在美国南北战争期间发生了著名的维克斯堡之围（Siege of Vicksburg）战役。——译者注

掘新的运河以改变河流的走向，炸毁上游的堤坝，并试图通过洪水淹没的土地将船只漂流到城市里增援。

所有这些尝试都失败了。与此同时，报纸纷纷热议此事。数月过去了，没有任何进展。林肯已经派来了一位接班人，而这个人正在等待机会。但格兰特没有惊慌失措，他拒绝匆忙行事或停止行动。他知道必定有一个突破口。他会找到它，或者自己创造一个。

他的下一步行动几乎与所有的传统军事理论背道而驰。他决定让他的船只从守卫河流的炮兵阵地旁边经过——这是一个相当大的风险，因为一旦向下游行进，船只就无法回来了[①]。尽管经历了前所未有的夜间交火，但几乎所有的船只都安然无恙。几天后，格兰特在下游约 30 英里处，路易斯安那州名为“艰难时期”（Hard Times）的小镇渡河。

格兰特的计划非常大胆：他的军队舍弃了大部分补给，靠在当地寻找食物，并沿着密西西比河顺流而上，沿途占领一个又一个城镇。当格兰特最终围攻维克斯堡时，他向自己的士兵和敌人传达了一个明确的信息：他永远不会放弃，这座城市的防御最终会被攻破。格兰特势不可挡。他的胜利可能并不辉煌，但是结果是必然的。

如果我们要克服我们的障碍，这就是我们要向内部和外部

---

① 因为在那个时候密西西比河的水流非常湍急，船只无法逆流而上。一旦船只通过了下游的阵地，就只能继续向下游前进，无法返回之前的位置。这是格兰特采取这种行动所面临的重要风险之一。——译者注

传达的信息。我们不会因为失败而停下脚步，不会因为外部噪声而忙乱或分心。我们将凿开障碍物，直到它消失。抵抗是徒劳的。

在维克斯堡，格兰特学到了两件事。首先，坚持不懈和坚定不移是他作为领导者令人难以置信的资产。其次，常常是经过了不懈的努力，排除了所有传统选项之后，他被迫尝试了一些新的方式。这个选项——摆脱补给列车，依靠敌占区的物资生存——是一种之前未经测试的策略，而现在，北方可以用它来逐渐耗尽南方的资源和战斗意志。

通过坚持不懈，他不仅攻破了防线：在尝试了所有错误的方式后，格兰特发现了一种全新的方式——最终赢得了战争的方式。

格兰特的故事不是例外，而是法则。这就是创新的工作方式。

在 1878 年，托马斯 · 爱迪生并不是唯一一个尝试发明白炽灯的人。但他是唯一一个愿意测试六千种不同灯丝的人，他还测试了一种由他下属的胡须制成的灯丝，每一次测试都使得他更接近成功。

当然，最终他找到了它——证明了天才往往就是执着的代名词。通过运用他全部的身体和精神能量，永不疲倦，永不放弃，爱迪生战胜了那些急躁的竞争对手、投资者和媒体，最终在一根竹子中发现了照亮世界的力量。

尼古拉 · 特斯拉曾在爱迪生的实验室里度过了一年的沮丧时光，在灯泡的发明过程中，他曾经嘲笑爱迪生，说如果爱迪生需要在一个草堆中找到一根针，他会“立刻开始”简单地

“一根接一根地检查稻草，直到找到他要寻找的东西”。嗯，有时这确实是正确的方法。

当我们面临障碍时，想象一下格兰特和爱迪生可能会有所帮助。格兰特嘴里叼着雪茄，爱迪生长时间地弯腰驻足在实验室里。他们都持续不断地努力，体现出冷静的坚持，这就是阿尔弗雷德·洛德·丁尼生①在《尤利西斯》一诗中提到的“奋斗、追求、发现”的精神。他们都拒绝放弃，反复思考各种可能性，并充满热情地尝试每一种选择，他们知道最终必然有一种会奏效。他们欣然地接受测试、测试、不断地测试，并感激这些测试所揭示的无价知识。

阻碍你前进的东西不会消失。你不可能通过一些改变世界的顿悟来克服它或超越它。你必须面对它，面对那些已经开始唱衰和找借口的人，正如玛格丽特·撒切尔所说：“你可以转身，如果你愿意。但是我不会转身。”

许多人认为像格兰特和爱迪生这样的伟大胜利来自灵光乍现，他们用纯粹的天赋攻克了难题。事实上，正是从许多不同的角度反复施加的缓慢压力，以及在排除了许多其他更有希望的选择后，才将解决方案逐渐推向了顶峰。他们的天才之处在于目标统一、对怀疑充耳不闻和对愿望坚持不懈。

---

① 阿尔弗雷德·洛德·丁尼生（Alfred Lord Tennyson，1809—1892），英国维多利亚时代最受欢迎及最具特色的诗人。他被认为是英国文学史上最伟大的诗人之一。他的诗《尤利西斯》描述了荷马史诗《奥德赛》中的主人公尤利西斯，讲述了他渴望再次出航和冒险的决心。这首诗描绘了一个英勇而坚定的形象，体现了自我追求和渴望的精神。——译者注

那么，如果这种方法不如其他方法那么“科学”或“规范”怎么办？重要的是，它是有效的。

坚持下去就会有效。这很简单（但同样并不容易）。

在我们尝试的大多数事情中，技能并不是关键。我们通常已经足够熟练、知识渊博和有能力。但我们是否有耐心来完善我们的想法？是否有足够的精力和毅力去克服我们遇到的挑战和障碍，找到投资者或支持者？是否有毅力来解决与团队合作中的政治和人际关系问题？

一旦你开始攻击一个障碍，放弃就不是一个选项。不能有这种想法。放弃一个路径去尝试另一个更有前途的路径呢？当然可以，但这与放弃相去甚远。一旦你能想象自己完全放弃，你不妨给自己敲响警钟，一切都结束了。

考虑这种心态。

从不着急

从不担心

从不绝望

永不止步

牢记一个爱比克泰德喜欢的短语并提醒自己：“坚持并抵抗。”坚持你的努力，抵抗分心、气馁或混乱的诱惑。

没有必要感到焦虑或匆忙。没有必要感到沮丧或绝望。你不会被淘汰。你的路还长着呢。

因为你专注比赛直到哨声响起，没有理由担心时间。你知道你不会停下来，直到比赛结束，每分每秒都是你可以利用的。

因此，暂时的挫折并不令人沮丧。它们只是漫长道路上的颠簸，你打算一直走下去。

尝试新事物总会遇到障碍。新的道路就是未开垦的。只有通过坚持和时间，我们才能清除障碍。只有克服让其他人放弃的障碍，我们才能发现自己走上了无人涉足的领域——只有坚持并抵抗，我们才能学到其他没有耐心的人学习不到的东西。

情绪低落是可以理解的，但放弃不行。当你意识到自己想要放弃时，仍然要站稳脚跟，一步步地靠近，直到你攻克自己生活中坚不可摧的堡垒，这就是坚持不懈。

爱迪生曾经解释过，在发明过程中："第一步是直觉——伴随着灵感爆发——然后困难就出现了。"爱迪生与其他发明家的区别在于他对这些困难的容忍度，以及他在解决这些困难时不懈的投入和坚定的决心。

换句话说，这本来就应该很艰难。你的第一次尝试可能行不通。它将耗尽你的精力，但精力是一种我们总能找到更多的资产。它是可再生资源。不要再寻找灵光乍现，而要寻找弱点。不要再寻找支持（angel），而要寻找角度（angle）。我们有很多选择。坚定地长期投入并尝试每一种可能性，你最终会成功。

当人们问我们现在在哪里，正在做什么，那个"情况"进展如何时，答案应该很明显：我们正在努力。我们正在靠近目标。当遇到挫折时，我们会加倍努力。

Iterate

迭代

失败是什么？它是一种教育；是迈向更好境界的第一步。

——温德尔 · 菲利普斯[①]

在硅谷，初创公司不会推出已经完善的业务。相反，他们发布“最小可行产品”（MVP）——核心想法的最基本版本，只包含一个或两个关键功能。

这样做的目的是立即看到客户的反应。如果反应不佳，就可以低成本、快速地失败。避免制造或投资客户不想要的产品。

正如现在的工程师喜欢打趣的那样：失败是一种功能。

但这可不是笑话。如果你想要改进、学习或做一些新的

---

① 温德尔 · 菲利普斯（Wendell Phillips，1811—1884），美国律师、演说家和社会改革家。他在反对奴隶制和支持妇女权利运动方面发挥了重要作用。文中这句话据说是他在 1865 年给哈佛大学法学院的毕业生演讲时说的。这句话意味着失败并不是一件坏事，而是一个可以从中学习和进步的过程。只有通过失败，我们才能认识到自己的局限性并找到更好的解决方案。——译者注

事情，失败真的可以成为一种资产。它几乎是所有成功的先决条件。犯错、改变路线并没有什么可耻的。每一次失败都会给我们带来新的选择。问题变成机会。

传统的商业模式是公司通过研究猜测客户的需求，然后在实验室中生产这些产品，并与市场反馈隔绝开来。这反映出一种对失败的恐惧，并且在面对失败时非常脆弱。如果付出高成本生产出来的产品在发布日失败了，所有的努力都将白费。如果成功了，也没有人真正知道成功的原因。相比之下，最小可行产品模型则接受失败和反馈，它通过失败而变得更强大，去除无效功能，去满足客户感兴趣的需求，然后将开发人员有限的资源集中于改善真正有效的功能。

在一个我们越来越多地为自己工作、对自己负责的世界里，将自己视为初创公司（一个人的初创公司）是有意义的。

这意味着要改变与失败的关系，采用迭代、失败和改进的方法。我们不断尝试的能力和容忍失败的能力是不可分割的。

在通往成功行动的道路上，我们可能会失败——可能会失败很多次。这没关系，甚至可能是好事。行动和失败是同一枚硬币的两面。没有一个可以脱离另一个存在。当人们错误理解失败而停止行动时，这种关键联结就会被打破。

当失败发生时，问问自己：这里出了什么问题？有什么可以改进的？我漏掉了什么？这有助于产生替代的方法来完成需要做的事情，这些方法通常比我们最初的方法要好得多。失败会让你陷入困境，你必须自己想办法摆脱。它是突破的源泉。

这就是为什么伟大的成功故事通常都以史诗般的失败为前

奏——因为其中的人们回到了起点。他们并不羞于失败，反而因为它而激发出了好奇心和动力。有时，在体育比赛中，一个比分接近的惊险失败可以最终让一支弱旅相信，他们有能力与长期以来一直吓唬（和击败）他们的对手竞争。虽然失利可能很痛苦，但正如富兰克林所说，它也可以提供指导。

对于一家企业，我们不那么个人化地看待大多数失败，并理解它们是过程的一部分。如果投资或新产品有回报，那就太好了。如果它失败了，我们也很好，因为我们已经做好了准备——我们没有把每一分钱都投资在那个选项上。

伟大的企业家是：

从不固执于某个立场
从不害怕损失一些投资
从不怨恨或尴尬
从不离开游戏太久

他们可能会犯错很多次，但他们不会放弃。

尽管我们知道失败会带来很多有价值的教训——这些教训我们亲眼见证过——我们再三地回避它。我们尽我们所能去避免它，认为失败很尴尬或可耻。在失败的时候，我们愤愤不平，我们大呼小叫。

失败令我很痛苦，我为什么要失败呢？

我从不否认失败会带来痛苦。但我们能否承认，预料到的、暂时的失败肯定比灾难性的、永久的失败的伤害要小得多？就像任何好的学校一样，从失败中学习不是免费的。学费是以不适或损失的形式支付的，之后需要重新开始。

我们应该乐于付出这个代价。就你的职业生涯、你的书籍、你的新事业而言，没有比它更好的老师了。有一个说法，爱尔兰船长是如何找到港口里所有的岩石的——他用的是他的船底。不管用什么方法，有效就好，对吧？

还记得埃尔温·隆美尔在北非迅速打败英美军队的事吗？这个故事还有另外一部分。实际上，盟军故意选择了这个劣势战场。丘吉尔知道他们必须在某个地方对抗德国人，但在欧洲失败对士气的打击将是灾难性的。

在北非，英军学会了如何与德军作战——早期他们主要是通过失败来学习的。但这是可以接受的，因为他们预料到了学习曲线并为此做好了计划。他们迎接失败，因为他们知道，就像格兰特和爱迪生所做的那样，这意味着什么：进一步取得胜利。结果，希特勒在意大利面对的盟军部队要比他在非洲面对的部队强得多，而他最终在法国和德国面对的部队则更强。

确保我们不从失败中受益，确保它是一件坏事的唯一方法，就是不从中吸取教训。继续一遍又一遍地进行同样的尝试（这就是疯狂的定义），这是无法从失败中受益的。人们经常经历微小的失败，但他们从不学习，从不听取建议。他们没有看到失败暴露出的问题。他们不会因此变得更好。

这些人顽固且抗拒改变，他们过于自我沉迷，以至于没有意识到整个社会没有耐心或时间去尝试说服他们承认自己的错误。他们软弱无力，心如铁石，有太多的盔甲和自我，以至于无法很好地应对失败。

是时候让你明白，世界在每一次失败和行动中都在告诉你一些事情。它给你反馈——给你明确的指示，告诉你如何改进，试图把你从无知中唤醒。它试图教你一些东西。请倾听。

如果你对这些教训充耳不闻，你就很难吸取教训。请不要这样。

能够以这种方式看待和理解世界是克服障碍的一部分。在这里，消极的东西变成了积极的。我们将原本会令人失望的事情转化为机会。失败为我们指明了道路——向我们展示了什么是不正确的。

Follow the Process

遵循流程

在梳子下，
缠结的和笔直的都一样。[①]

——赫拉克利特

尼克·萨班[②]教练并不经常提到它，但他的每个助手和球员都遵循它。他们替他说出它，并将它刻在他们的头脑和每一个行动上，因为只有两个字是他们空前成功的原因：过程。

① 这句话的意思是，无论是缠结在一起的（tangle）还是笔直的（straight）头发，它们在梳理（under the comb）之后都是一样的。意指在追求成功的过程中，有时我们会遇到很多困扰，它们也是成功的一部分，和直路一样重要。因此，我们需要接受这些挑战和困难，用正确的方式来处理它们，以便最终达到我们的目标。——译者注

② 尼克·萨班（Nick Saban），美国阿拉巴马大学橄榄球队主教练，现代橄榄球历史上最成功的教练之一。在他的领导下，球队取得了多项全国冠军和其他重要的胜利。他的教练风格和成功经验被广泛研究和引用，被视为一种启示和激励。——译者注

作为阿拉巴马大学橄榄球队主教练——也许是大学橄榄球历史上最为卓越的时代——萨班不关注其他教练关注的事情，或者至少不是以他们关注的方式。他教授的是“过程”。

“不要想着赢得东南联盟冠军。不要想着赢得全国冠军。想想你在这堂训练课中、这场比赛中、这个时刻需要做什么。这就是过程：让我们想想今天能做什么，手头的任务是什么。”

就像生活一样，体育竞技也存在混乱，过程为我们提供了一种方法。

这其中的意思是：好的，你必须要做一些非常困难的事情。不要将注意力集中在这上面，相反，要将其分解成小块。只需做好眼前的事情，然后继续做下一件事情。遵循过程而不是奖励。

走向连续获得冠军的道路就是这样，一步一个脚印地走。卓越取决于每一步。做好这一步，再做好那一步，最后再做好下一步。萨班的过程就是这样——活在当下，一步一步地走，不被其他任何事情分散注意力。不被对手、比分或观众所干扰。

这个过程是关于完成的。完成比赛，完成训练，完成电影放映，完成进攻，完成重复练习，完成计划，完成比赛战术。完成你面前最小的任务，好好完成它。

无论是在你的领域追求成功的巅峰，还是仅仅应对一些糟糕或困难的考验，同样的方法都适用。不要总想着最终的结果，而要想着如何在生活中生存。从一餐到另一餐，从一次休息到下一次休息，从一个关卡到下一个关卡，从一张工资支票到另一张工资支票，一天一天地过。

当你真正做到了时，即使最难的事情也变得可以掌控。因为这个过程是令人放松的，它让我们不必惊慌失措，庞大的任务也只是一系列部分的组成。

这就是 19 世纪伟大的气象学先驱詹姆斯·波拉德·埃斯皮①在年轻时偶然遇到的情况。直到 18 岁，他才能读写。有一次，埃斯皮参加著名演说家亨利·克莱②的热情演说。演说结束后，埃斯皮试图接近克莱，但他说不出话来。他的一个朋友替他喊道：“他想成为像你一样的人，即使他不识字。”

克莱抓起他的一张海报，上面写着大写字母 CLAY。他看着埃斯皮说：“你看见那个字母了吗，年轻人？”指着一个字母：“那是 A。现在，你只需要再学 25 个字母就可以了。”

这个过程成了埃斯皮的准则。一年后，他开始上大学。

这种方法可能看起来过于简单了。但请想象一下，一个精通某种难度极高的技艺的大师，他让这种技艺看起来轻而易举，没有紧张或挣扎，只是一个又一个利落的动作。他的动作非常流畅自如，看起来毫不费力。这是因为他使用了一种称之为

---

① 詹姆斯·波拉德·埃斯皮（James Pollard Espy，1785—1860），美国气象学家和地理学家。他是美国气象学的先驱之一，他的研究为后来的天气预报和气象科学做出了重要的贡献。——译者注

② 亨利·克莱（Henry Clay，1777—1852），美国政治家和演说家，辉格党的创立者和领导人，曾担任美国众议院议长、国务卿等多个职务。他是 19 世纪初美国政治界重要人物之一。——译者注

“过程”的方法。

我们也可以运用这种方法。当我们面临困难任务时，我们不必像通常做的那样急于求成。还记得你第一次看到一个复杂的代数方程吗？它是一堆符号和未知数。但随后你停了下来，深吸了一口气，将它分解。你隔离了变量，解决了问题，最后剩下的就是答案。

现在就这样做，不管你遇到了什么障碍。我们可以深吸一口气，做我们眼前的事情，然后沿着这个思路进入下一个行动。一切井井有条，所有事情都相互联系。

在行动上，混乱和分心是致命的。无序的头脑会忽视跟前重要的事情，会被未来的想法分散注意力。过程则是有序的，它让我们的感知和行动同步。

这似乎很明显，但在最重要的时候我们经常忘记这一点。

现在，如果我把你打倒在地，你会有什么反应？你可能会惊慌失措。然后你会用尽全力想把我推开。但这行不通，仅凭我的体重，我就能轻松地将你的肩膀按在地上，你最终会耗尽体力。

这正好与我们应该采取的行动相反。

有更简单的方法。首先，你不要恐慌，要保留你的能量。不要做傻事，不要不经思考就将自己置于死地。你要集中精力防止情况恶化。然后把手臂举起来，撑住身体，创造一些呼吸的空间，足够的空间。现在努力侧身。从那个位置你可以打破我对你的控制：抓住一只手臂，夹住一条腿，用臀部发力，滑动膝盖并向外推开。

这可能需要一些时间，但你会让自己挣脱出来。每采取一个步骤，上面的人都被迫放弃一点，直到完全放弃。然后你自由了，这要归功于这个过程。

被困住只是一种状态，而不是一种命运。通过小而有意识的行动来解决和消除这个状态的每一部分，而不是尝试（但失败）以超人的力量将其推开，从而摆脱困境。

在与商业对手竞争的时候，我们绞尽脑汁想出一些令人兴奋的新产品，以使他们不再具有竞争力，在此过程中，我们分散了注意力。尽管写书或拍电影是我们的梦想，但由于工作量太大，我们望而却步，我们无法想象如何从现在的状态达成目标。

有多少次，我们选择妥协或搁置，因为感觉真正的解决方案太过雄心勃勃或者超出我们的能力范围？有多少次，我们认为变革是不可能的，因为它太大了？因为它涉及太多不同的群体？或者更糟糕的是，有多少人被自己的想法和灵感所蒙蔽？他们追逐它们，却一事无成，分散了注意力，从未取得任何进展。当然，他们很聪明，但他们很少付诸实践。他们很少能到达他们想要和需要去的地方。

所有这些问题都是可以解决的。每个问题在这个过程中都可以得到解决。我们只是错误地认为它必须同时发生，一想到这个就放弃了。我们是从 A 到 Z 的思考者[①]：忧虑于 A，痴迷于 Z，却忘记了从 B 到 Y 这一切。

我们想要有目标，是的，这样我们所做的一切都可以为某个有意义的目标服务。当我们真的知道自己想要做的事情时，

---

① 通常用来描述那些思维方式极其简单粗暴，不愿意在思考中适当考虑细节的人。——译者注

出现的障碍似乎会变得更小，更易于管理。当我们没有目标的时候，每个障碍都变得更大，似乎不可能解决。目标有助于正确看待和处理生活中遇到的问题和挑战。

当我们心烦意乱时，当我们开始关心自己的进展和努力之外的事情时，这个过程会对我们有所帮助的，尽管偶尔有点霸道的声音在脑海中提醒着我们。这是一位明智、年长的领导者的声音，他清楚地知道自己是谁以及要做什么，他喊道：

闭嘴！回到你的位置，试着思考我们自己将要做什么，而不是担心外面发生了什么。你知道你的工作是什么。停止啰唆，开始工作。

过程就是这种声音，它要求我们承担责任和义务。它促使我们采取行动，即使只是采取小步骤或小行动。

就像一台无情的机器，一点一点地征服过程中的每一种阻力。一步一个脚印，前行。将力量服从于过程。用过程代替恐惧。依靠它，依赖它，信任它。

不要急于求成，慢慢来。有些问题比其他问题更难。先解决眼前的问题。稍后再回来处理其他问题。你会成功的。

这个过程是关于做正确的事情，现在就去做。不必担心以后会发生什么，也不必担心结果或整个局势。

Do Your Job, Do it Right

履行职责，做正确的事

凡是你做得好的，无论多么卑微，都是高尚的工作。

——亨利·莱斯爵士[①]

安德鲁·约翰逊[②]总统出身卑微，在进入政界之前是一名裁缝，他很自豪地谈论他作为裁缝的职业生涯。他说："我制作的衣服从没有因为穿着或使用而磨损或破裂。"

在竞选过程中，有一个起哄者曾试图通过大喊他的工人阶级身份来让他难堪。约翰逊毫不动摇地回答道："这一点也不让我感到困扰；因为当我还是一名裁缝时，我声誉良好，能够做

① 亨利·莱斯爵士（Sir Henry Royce，1863—1933），英国工程师和汽车设计师，以生产高级轿车和航空发动机闻名，是劳斯莱斯公司的联合创始人，也是该公司最著名的设计师之一。他与另一位合伙人查尔斯·劳斯（Charles Rolls）共同创立了劳斯莱斯汽车公司。——译者注

② 安德鲁·约翰逊（Andrew Johnson，1808—1875），美国第 17 任总统。他是美国历史上第一位遭到弹劾的总统，尽管他在弹劾审判中被宣布无罪。他在任期内颁布了许多关于重建南部和促进非裔美国人权利的政策。——译者注

出合身的衣服，总是准时为我的顾客服务，我的工作非常出色。”

另一位美国前总统詹姆斯·加菲尔德[①]，在1851年说服他的学校西储折衷学院[②]让他成为学校的看门人以支付自己的学费。他每天都非常开心地完成工作，没有丝毫的羞耻感。每天早上，他都会敲响大学里开课的大钟——他的一天已经开始，并且充满了喜悦和渴望。

在进入学校一年后，他就成了教授——除了学习，还教授一整套课程。到26岁时，他已经成了院长。

这也会发生在你身上，做好你的工作——不管它是什么。

有些人始终做他们被要求做的事情，他们做得很好且由衷感到自豪，这使得他们从卑微的贫穷达到权力的巅峰。他们做得比任何人都好。实际上，他们做得好是因为没有人愿意去做这些事情。

有时，在我们奔赴目标的路上，我们不得不去做一些我们不想做的事情。正如安德鲁·卡内基[③]所说的那样，当我们刚

---

① 詹姆斯·加菲尔德（James Garfield, 1831—1881），美国第20任总统，政治家、数学家。——译者注

② 西储折衷学院（Western Reserve Eclectic Institute）位于美国俄亥俄州，后来改名为海勒姆学院（Hiram College）。它在19世纪中期闻名全美，因为它的创始人和主要赞助人是教育家霍瑞斯·曼（Horace Mann），他被认为是美国公共教育的奠基人之一。霍瑞斯·曼的教育理念强调了平等和公正的教育机会，他的影响力推动了许多教育改革的实施。——译者注

③ 安德鲁·卡内基（Andrew Carnegie，1835—1919），苏格兰裔美国实业家、慈善家，卡内基钢铁公司的创始人，被誉为“钢铁大王”和“美国慈善事业之父”。卡内基1865年与人合伙创办卡内基科尔曼联合钢铁厂；1881年与弟弟汤姆一起成立卡内基兄弟公司；1892年组建卡内基钢铁公司。——译者注

开始工作时，我们的第一份工作通常会“向我们介绍扫帚”。扫地并没有什么可耻的。这只是另一个学习和实现卓越的机会。

但是你，你痴迷于思考未来，没有为现在分配给你的任务而感到骄傲。你只是敷衍了事，领取薪水，并梦想着在生活中获得更高的地位。或者你认为：这只是一份工作，它不是我的全部，它并不重要。

这是愚蠢的想法。

我们所做的一切都很重要——无论是靠做果汁获得报酬并存下一些钱，还是为获得律师资格证书而学习，甚至是你已经取得了你所寻求的成功。每件事情都是机会，要努力做到最好，成为最好的自己。只有那些自我膨胀的混蛋认为他们太好了，不需要为当前的工作付出努力。

无论我们在哪里、做什么和将要去向何方，我们都要对我们自己、我们的技能和这个世界负责，做到最好。这是我们的首要职责，也是我们的义务。当行动是我们的首要任务时，虚荣心就会消失。

一个艺术家在其一生中会面对许多不同的画布和接受不同的委托，重要的是把每一个都视为首要任务。无论是最有吸引力的委托还是最高薪的委托都无关紧要。每个项目都很重要，唯一会让人丢脸的是没有发挥出自己的最大潜力。

对我们来说也是如此。在我们的生命中，我们将扮演许多不同的角色，做许多不同的事情。有些是很有声望的，有些是很繁重的，但没有什么是低人一等的。无论我们面对什么，我们的任务是用以下方式回应：

辛勤工作

诚实正直

尽我们所能帮助他人

你永远不必问自己：我现在该怎么办？因为你知道答案：做好你的工作。

是否有人注意到，是否得到报酬，项目是否成功，这都无关紧要。无论遇到什么障碍，我们都可以而且总是应该遵循以上三个方式行事。

永远不会有任何障碍可以真正阻止我们履行义务，我们可能会遇到更难或更容易的挑战，但没有什么是不可能克服的。每一项任务都需要我们做到最好。无论是面对破产和愤怒的客户，还是在筹集资金并规划如何发展，如果我们尽力而为，我们都可以为我们的选择感到自豪，并相信这是正确的。因为我们做好了我们的工作——不管它是什么。

是的，我知道，“义务”听起来很呆板且具有压迫性。你希望做任何你想做的事情。

但责任是美好的，是鼓舞人心的，是赋予我们力量的。

史蒂夫·乔布斯甚至关心产品的内部，确保它们设计精美，即使用户永远看不到它们。他的父亲教导他要像工匠一样思考，甚至把柜子的背面做得完美，即使它们被藏在后面。在每一个设计困境中，乔布斯都知道自己的任务：尊重工艺，制造出色的产品。

显然，每种情况都不同。我们不是在发明下一代 iPad 或

iPhone，而是在为某人做一些事情——即使这只出现在我们的简历上。每一个部分——尤其是那些没人看到的工作，那些我们想避免或本可以逃避的艰难事情——我们都可以像乔布斯一样对待：带着自豪和奉献的精神。

伟大的心理学家维克多·弗兰克尔在“生命的意义是什么”这个古老的问题中看到了傲慢，好像别人有责任告诉你一样。相反，他说，世界正在问你这个问题。你需要用你的行动来回答它。

在任何情况下，生活都在问我们这个问题，而我们的行动就是答案。我们的工作就是好好回答它。

正确的行动——无私、专注、精湛、有创造力——就是对那个问题的答案。这是找到生命意义的一种方式，也是如何将每个障碍转化为机会的方法。

如果你将其中任何一项视为负担，那么你就在以错误的方式看待它。

因为我们所需要做的就是这三个小小的职责——努力尝试，诚实待人，帮助自己和他人。这就是我们被要求的全部内容。不多也不少。

当然，目标很重要。但永远不要忘记，每个单独的实例也很重要——每个实例都是整体的一个快照。整体并不确定，只有实例是确定的。

你做任何事情的方式就是你做所有事情的方式。

我们总是能够正确行事。

What's Right Is What Works

正确的就是有效的

黄瓜苦了？那就扔掉它。

路上有荆棘？那就绕过去。

这就是你需要知道的全部。

——马可·奥勒留

1915年，在中美洲的丛林深处，处于竞争地位的两家美国水果公司的冲突愈演愈烈。他们都非常想获得同一块5000英亩[①]的有价值的土地。

问题在于：两个当地人都声称他们拥有这块种植园的所有权。在这个洪都拉斯和危地马拉之间的无人区，两家公司都无法判断谁是合法的所有者，从而无法从他们手中购买这块土地。

他们如何应对这个问题，取决于公司的组织结构和理念。其中一家公司强大且有实力，另一家则狡猾且机智。第一家是

① 1英亩≈4047平方米。

美国最强大的公司之一——联合果品公司[①]，第二家则是塞缪尔·泽穆雷拥有的一家小型新兴公司。

为了解决这个问题，联合果品公司派遣了一支实力雄厚的律师团队。他们走遍全国，寻找每一个档案和纸张，准备付出任何代价来取胜。金钱、时间和资源都不是问题。

那么，公司规模小且没有受过教育的竞争对手泽穆雷肯定会输，对吧？他无法像他们一样。所以他没有这么做。他灵活、变通并且不屈不挠。他只是单独与两个声称是土地所有者的人见了面，并从每个人手中购买了土地。他付了两次钱，但问题解决了。土地归他所有。忘掉什么规则手册，解决问题才重要。

这就是实用主义的体现。不要担心“正确”[②]的方式，而要关注有效的方式。这是我们完成任务的方法。

泽穆雷总是用这种方式来对待障碍。因为政府官员被竞争对手贿赂，他被告知不能在乌蒂拉河上建一座桥，他就让工程师建造了两个长码头。在这两个码头之间搭出一座临时的浮桥，可以在几小时内组装和部署，能够连接这两个码头。铁路沿着河岸两侧，向两个方向延伸。当联合果品公司投诉时，泽穆雷

---

① 联合果品公司（United Fruit Company）是20世纪初期美国最具影响力的公司之一，也是中美洲最大的土地所有者和雇主之一。该公司的主要业务是种植、采购、运输和销售热带水果，尤其是香蕉。它在全球范围内拥有广泛的产业链和网络，从中美洲到加勒比海地区，再到北美、欧洲和亚洲市场都有销售业务。——译者注

② 这里并不是指真正的正确，而是指通常“被认为”是正确的方式或者方法。意思是不要只关注被认为是正确的方式，而要关注真正能够解决问题或者达成目标的方式。——译者注

笑了笑，说:“哪有什么桥。这只是几个老旧的码头。”

有时你会这样做。有时你会那样做。不要只使用你在学校学到的策略，而应调整它们以适应每一种情况。任何有效的方法都可以，这是座右铭。

我们花费了很多时间思考事情应该是怎样的，或者规则告诉我们应该怎么做。我们试图让一切都变得完美。我们告诉自己，一旦条件成熟，或者我们确定可以信任这个或那个，我们就会开始行动。然而，实际上，更好的做法是集中精力利用我们所拥有的资源。关注结果而不是完美的方法。

就像巴西柔术[①]中所说的那样，你如何让对手倒地并不重要，重要的是你将他们击倒。

泽穆雷从未忘记他的使命:让香蕉过河。无论是桥梁还是带有浮桥的两个长码头，只要能够把货物送到目的地就可以了。当他想在一个特定的种植园种植香蕉时，找到土地的合法所有者并不重要——重要的是成为合法的所有者。

你有你的使命，无论它是什么。像我们其他人一样，你也面临着艰难的选择，在你希望事情发展的方式和它们实际发展的方式之间（这似乎总是一场灾难）。你愿意走多远？你准备怎么做？

---

① 巴西柔术是一种源自日本柔道的格斗技术。它强调在地面格斗中使用关节技和勒颈技，以快速、高效地制服对手。与其他格斗技术相比，巴西柔术注重技巧和技术的细节，而不是依赖力量和速度。它也强调身体接触和身体位移技巧，以便在格斗中维持控制和保护自己。巴西柔术在竞技格斗、自卫和身体训练等方面都有广泛的应用。——译者注

别抱怨了。不要犹豫不决。不要屈服于无能为力或者恐惧。你要怎么解决这个问题？你要如何绕过束缚你的规则？

也许你需要多一点机智或更具有目的性，这远比感觉舒适更重要。有时候，这需要忽略一些过时的规则，或者稍后再去请求管理层的原谅，而不是现在获得许可（这将会被拒绝）。不过如果你有一个重要的使命，那么重要的是你要达成这个使命。

21 岁时，理查德·赖特①还不是那个他最终会成为的世界著名的作家。那时的他又穷又黑，他决定读书，没有人能阻止他。他会冲进图书馆闹事吗？在种族隔离的南方，他当然不会。相反，他特制了一张纸条，上面写着“亲爱的女士：请让这个男孩借一些亨利·路易斯·门肯②的书好吗？”（因为没有人会为自己写这样的纸条，对吧？），并用别人的借书卡借了书，假装是为别人借的。

在赌注如此高的情况下，你最好愿意打破规则或者孤注一掷。你可以对当局嗤之以鼻，说：“什么？这不是一座桥。我不知道你在说什么。”或者，在某些情况下，对试图压制你的人竖起中指，冲破他们那邪恶、令人作呕的规则继续前进。

---

① 理查德·赖特（Richard Wright，1908—1960），20 世纪美国著名的黑人作家之一。他出生在美国南部的密西西比州，成长于种族隔离的环境中，亲身经历了美国种族隔离制度的残酷和不公。他因作品和文学成就而获得了多项荣誉，包括美国国家图书奖等。——译者注

② 亨利·路易斯·门肯（Henry Louis Mencken，1880—1956），20 世纪美国著名的记者、评论家和作家。他以锐利的文笔和对美国社会及政治的批判而闻名于世。——译者注

实用主义并不像现实主义那样拘泥于现实，而是具有更多的灵活性。有很多种方法可以从 A 点到达 B 点，不一定非得走直线，只要能抵达目的地即可。但很多人花费大量的时间寻找完美的解决方案，以至于错过了就在眼前的东西。

斯多葛学派也有他们的提醒："不要指望柏拉图的理想国。"

因为你永远不会找到那种完美。相反，你需要尽力利用手头的资源做到最好。并不是说实用主义与理想主义或者与推动事业发展相矛盾。第一代 iPhone 是革命性的，但它依然没有复制和粘贴功能，也没有苹果公司想要加入的其他一些功能。所谓的完美主义者史蒂夫·乔布斯知道，你必须在某个时刻做出妥协，重要的是完成并且可行。

开始像一个激进的实用主义者那样思考：雄心勃勃、积极进取，以理想为根基，但也务实并关注可行性。不要在你想要的一切上投入全部的精力，不要试图立刻改变世界，但要有足够的雄心壮志去获得你所需要的一切。不要只关注眼下，要区分关键任务和手头无关紧要的额外工作。

追求进步，而不是追求完美。

在这种力量的推动下，障碍会分崩离析，它们别无选择。你绕开它们，或者让它们变得无关紧要，对它们来说毫无招架之力。

In Praise of the Flank Attack

赞扬从侧翼进攻

不能去找寻未知事物的人
什么也看不到，
因为已知的道路
是一条死路。

——赫拉克利特

在美国的传说中，乔治·华盛顿被描绘成一个英勇无畏的将军，高居他所观察到的一切之上，击退了强占、暴政的英国人。当然，真实的形象要稍微逊色一些。华盛顿不是游击队员，但他很接近。他老谋深算、避实就虚，经常拒绝战斗。

他的军队规模很小、训练不足、补给不足，而且很脆弱。所以他参与的大多数战争都是防御性的，有意避开英国军队的大型编队。尽管口号喊得震天响，但他的大多数军事行动都只是对一个更强大的敌人采取的针尖战术[①]。出击再撤退，点燃战火再消失。

华盛顿告诉他的士兵，永远不要攻击明显的地方。他解释说，不要像敌人预期的那样进攻，相反，“要在预期危险较小的地方进攻，这样敌人会毫无准备，因此成功的可能性最大”。他有着强烈的感知，知道哪些小规模的战斗会在感觉和外观上与大胜利一样。

他最辉煌的“胜利”甚至不是直接与英国人的战斗。相反，处于绝望边缘的华盛顿，在圣诞节的黎明时分率军队渡过了特拉华河，袭击了一群可能喝醉了酒的熟睡的德国雇佣兵。

他实际上更擅长撤退而不是进攻——擅长拯救那些本来会在失败中丧失的部队。华盛顿很少被困——他总是有出路。这种回避只是为了让他的敌人疲倦，这是一个强大的武器，虽然不一定光彩。

因此，作为美国的首位总统，华盛顿的历史形象已经被美化和夸大了也就不足为奇了。而且他并不是唯一一个人们为之美化历史形象的将军。历史上的一个巨大神话，是由电影、故事和我们自己的无知所传播的，那就是战争的胜利和失败取决于两支强大的军队在战场上一决高下。这是一个戏剧性的、勇敢的观念——但也是非常、非常错误的。

在一项涵盖了从古代到现代历史上30多场冲突的研究中，

---

① 针尖战术指的是一种军事策略，即“游击战”，它涉及对更强大的敌军进行小规模、突袭式的攻击，然后迅速撤退。当较小的力量在人数、训练或供应方面处于明显劣势时，通常会使用这种策略。——译者注

杰出的战略家和历史学家李德·哈特[①]得出了一个惊人的结论：这 30 多场冲突包含超过 280 场战役，其中只有 6 场决定性的胜利是通过直接攻击敌人主力取得的。

只有 6 场。那便是 2%。

如果不是通过决定性战斗，我们从哪里获得胜利？从任何其他途径，从侧翼，从出人意料的地方，从心理上，从让对手走出他们的防御，从非传统的方式……

正如哈特在他的杰作《战略论》中写道：

> “伟大的指挥官甚至会采取最危险的间接方法，如果有必要，只带领小分队越过山脉、沙漠或沼泽，甚至会切断自己的通讯联系。面对不利的条件，他会采取任何不用冒着直接攻击带来僵局风险的方法。”

当你已经到了崩溃的边缘并竭尽全力，当人们说你看起来好像血管要爆的时候……

退后一步，然后绕过问题。寻找一些可利用的因素或优势。从所谓的“最低期望线”入手。

当面对挑战时，你的第一反应是什么？是与竞争对手展开竞价战吗？为了改变长期以来的观点而与人争辩？你试图强行冲破前门吗？但是后门、侧门和窗户可能已经被打开了。

---

① 李德·哈特（Liddell Hart，1895—1970），英国军事理论家、战略家，被认为是二战后最有影响力的军事思想家之一。他的主要贡献之一是提出了“间接路线”战略理论，强调了以迂回、包围、经济瓦解、心理战等手段击败敌人的重要性。他也是第一个注意到坦克的重要性的人。——译者注

无论你做什么，如果你的计划会违反物理学或逻辑学，那么它将变得更加困难（更不用说不可能）。相反，想想格兰特意识到他必须绕过维克斯堡——而不是直接攻打——才能占领它。想想入选名人堂的教练菲尔·杰克逊（Phil Jackson）和他著名的三角进攻①，这种进攻可以让篮球自动绕开防守压力，而不是直接面对进攻。

如果我们得从头开始，而既定的竞争者已经有时间建立自己的防御系统，我们就没有办法在他们的优势方面击败他们。因此，更明智的做法是不去尝试，而把我们有限的资源集中在其他方面。

大师之所以在某些技能上表现得驾轻就熟，部分原因在于他们已经掌握了技巧，更主要的是因为他们所消耗的实际上比我们这些不懂的人要少。他们选择只在会有效果的地方努力，而不是在无意义中耗尽精力。

正如有人在与柔道传奇人物、身高五英尺②的柔道创始人嘉纳治五郎③比试后所说的："与嘉纳治五郎战斗就像试图与一件空夹克搏斗！"

---

① 三角进攻（triangle offense），是一种基于三个球员的传球和位置变换的攻击策略，它的目的是打破对手的防守并制造出优势得分机会。三角进攻通常需要球员有高水平的篮球智商和技术素养，因为球员需要快速地识别和适应不同的防守策略，并根据情况做出反应。——译者注

② 1 英尺 = 0.3048 米。

③ 嘉纳治五郎（Jigoro Kano，1860 — 1938），日本柔道家、教育家，成立了日本柔道协会，是现代柔道的奠基人之一。嘉纳治五郎的柔道强调"以柔克刚"，即用技巧和巧妙的应变来战胜强大的对手。——译者注

这也可以是你的做法。

寡不敌众、暂时落后、缺乏资金，这些不一定是劣势，有可能是礼物。这些使得我们不太可能采取“自杀式”的正面攻击，我们不得不寻找创意、寻找变通方案、升华自我，并尝试做任何事情去获胜。这些情况迫使我们从侧面的视角去接近问题。

事实上，拥有规模、力量或权力的优势往往是真正的致命弱点的滋生地。成功的惯性使得掌握好技巧变得更加困难。拥有规模优势的人或公司从来不需要学习过程，因为他们一直能靠蛮力过关。这对他们来说是有效的……直到失效。直到他们遇到你，你用熟练的侧翼进攻策略轻松地击败他们，而拒绝在他们所熟悉的唯一环境中面对他们：正面交锋。

我们正处于以小胜大的游戏中。因此，力量不能试图与力量相抗衡。

当然，当我们遭受压力的时候，自然的本能总是要反击。但武术教给我们的是，我们必须忽略这种冲动。我们不能反击，我们必须拉住对手直到他们失去平衡。然后我们再采取行动。

侧翼进攻是一个广阔的、创造性的领域。这并不仅限于战争、商业或销售。

伟大的哲学家索伦·克尔凯郭尔很少试图从权威的立场来说服人们。他从不说教，采用的是一种他称之为“间接沟通”的方法。克尔凯郭尔会使用笔名写作，在每个虚构的人格中体现出不同的立场或视角，从多个角度多次写作同一主题，以情感和戏剧性的方式传达他的观点。他很少告诉读者“做这个”

或“想那个”，而是展示了新的观察或理解世界的方式。

你不能通过挑战人们最长久、最坚定的观点来说服他们。你要寻找共同点，并从那里入手。或者你要寻找抓手来让他们听你说。或者创造出一种替代方案，得到其他人的大力支持，以至于反对派自愿放弃他们的观点并加入你的阵营。

有效的方法并不总是最令人印象深刻的。有时你甚至感觉自己像是在走捷径或不公平地战斗。人们往往有很大的冲动想要与他人一拼高下，好像坚持适合自己的方法就是作弊似的。让我告诉你，你无须感到内疚和自责，这不是作弊。

你表现得像一个真正的策略家。你不是只靠身体力量硬撑，希望它起作用。你不是在为了自己的自尊心和虚荣心而浪费精力去打毫无战略优势的战斗。

信不信由你，这的确是一条艰难的路。但也正因为如此，它才会奏效。

记住，有时候绕远路才是捷径。

Use Obstacles Against Themselves

利用障碍物对抗

智者甚至能够适当地利用他们的敌意。

——普鲁塔克

甘地并没有为印度的独立而战。英国承担了所有的战斗，并且最终失败了。

当然，这是有意为之。甘地广泛开展的非暴力不合作[①]运动表明行动有许多种定义。它并不总是向前或者甚至斜向前进。它也可能是一种立场。它可以是积极的行动和决定性的态度。

有时，你克服障碍不是通过攻击它们，而是通过撤退，让它们攻击你。你可以利用他人的行动反对他们自己，而不是自己行动。

---

① 非暴力不合作（satyagraha），意为“坚持真理”。satyagraha 在印度语中由 satya（真理）和 agraha（坚持）两个词组成。非暴力不合作运动主张通过和平手段抗议不公正和不合理的政策，它在印度独立运动中扮演了重要的角色。——译者注

与他希望改变的力量相比，甘地显得很弱小，但他借助弱点，夸大它，暴露自己。他对世界上最强大的占领军说：我要去海边收集盐，直接违反你们的法律。他在挑衅他们——你们要怎么做？我们正在做的事情并没有错——明知道这将使局势陷入无法解决的困境：强制执行破产政策或者放弃。在这个框架内，军队的巨大力量被中立化了。它的使用适得其反。

马丁·路德·金效仿甘地的做法，告诉追随者，他们将用“灵魂之力”应对“肉体之力”。换句话说，他们会使用力量的对立面。面对暴力，他们会保持和平，会以爱回应仇恨——在这个过程中，他们将揭示仇恨和暴力的不可辩驳和邪恶的属性。

对立的东西可以是有效的。不采取行动也可以是一种行动。这利用了他人的力量，并使我们能够将他们的力量吸收为自己的力量。让他们或者障碍为我们工作。

也许你的敌人或者障碍真的是不可逾越的，就像许多群体所面临的情况一样。也许在这种情况下，你没有通过消耗战（坚持不懈）获胜的能力，或者你不想冒险在工作中学习（迭代）。好的，但你还远远没到放弃的地步。

然而，是时候承认了，有些逆境可能是你无论如何也无法战胜的。相反，你必须找到一些方法，利用逆境的能量来帮助自己。

在蒸汽动力发明之前，船长们有一种巧妙的方法来克服密西西比河强劲的水流。一艘往上游的船会靠近一艘即将往下游的船，在将绳子绕在树或岩石周围后，把两艘船系在一起。松开第二艘船让河流将它带到下游，弹射另一艘船向上游移动。

因此，与其与障碍做斗争，不如找到一种让它们自己失败的方法。

有一个著名的关于亚历山大大帝的故事，他正是这样做的。亚历山大巧妙地利用障碍物反击其自身，让观察者第一次感受到这位雄心勃勃的少年可能有一天会征服世界的迹象。年轻时，他训练了他的著名战马布西发拉斯（Bucephalus），这匹马连他的父亲——马其顿国王菲利普二世也不能驯服。其他人曾试图使用纯粹的力量、鞭子和绳索驯服它，但只会被它甩下来，而亚历山大则轻松骑上马背，安静地等待马平静下来。在耗尽体力之后，布西发拉斯别无选择，只能屈服于骑手的影响力。在接下来的二十年里，亚历山大骑着这匹忠实的战马参加了数百场战斗。

那么你的障碍是什么？

是的，有时我们需要像阿梅莉亚·埃尔哈特一样采取行动。但我们也必须准备好，认识到克制可能是我们最好的行动。有时，在生活中你需要耐心等待——等待暂时的障碍消失。可以让两个敌对的自负者先自行解决问题，而不是立即卷入战斗。有时你需要较少地介入某个问题——人员越少越好——而不是越多。

当我们太渴望一件事时，我们可能会成为自己最大的敌人。我们用自己的热情拧断了我们想要拧的螺丝，使我们永远无法得到我们想要的东西。我们在雪地或泥泞中拼命地旋转车轮，挖出一个更深的车辙——令车子永远无法走出去的车辙。

我们如此沉迷于前进，以至于忘记了还有其他的方式可以实现我们的目标。我们不会自然而然地想到，静止不动——或者在某些情况下，甚至倒退——可能是前进的最佳方式。不要非做点什么，就站在那里！

我们不断地向前冲——为了获得加薪、新客户，或者防止一些紧急情况的发生。事实上，获得我们想要的东西的最好方式可能是重新审视我们的愿望。或者，彻底瞄准其他目标，并利用障碍作为探索新方向的机会。通过这样做，我们可能最终创建了一个新的企业，完全弥补了我们原本不足的收入。或者，我们可能会发现，在忽略一些客户的情况下，我们反而吸引了更多的客户——发现他们更愿意与不是那么渴望与他们合作的人共事。或者，我们重新考虑了那场我们和其他人一样害怕的灾难，并想出一种方法，在灾难发生时从中获利。

我们错误地认为，前进是进步的唯一途径，是我们赢得胜利的唯一方式。有时候，停滞不前、侧身而行或者后退实际上是消除障碍的最佳方式。

这种方法需要一定的谦卑。这意味着选择接受你最初设想的做事方式是不可能的。你无法用“传统”的方式实现。但那又怎么样呢？

重要的是一种方法是否能让你达成目标。让我们明确一点，利用障碍自我对抗与什么都不做有很大不同。被动抵抗实际上是非常积极的方式。对障碍的积极应对体现在纪律、自我控制、无畏、决心和宏伟的战略方案中。

伟大的策略家索尔·阿林斯基[①]认为，如果你“足够强烈、足够深入地推动消极因素，它会突破到反面”。每个积极的事物都有其消极因素。每个消极因素都有其积极因素。行动就在于持续推动，直到逆转到另一边。把消极的变成积极的。

这应该是极大的安慰。这意味着很少有障碍对我们来说太大了，因为规模大可能是一种优势。我们可以利用这种优势来对付障碍本身。记住，城堡可能是令人生畏的、无法攻破的堡垒，也可能在被包围时变成牢笼。区别仅仅在于行动和方法的转变。

我们可以利用障碍来发挥我们的优势，让它们为我们完成艰巨的工作。有时候，这意味着让障碍维持原状，而不是那么努力地改变它。

布西发拉斯跑得越用力，就越快疲劳。你越努力斗争，就越难实现目标（除了疲惫）。

我们的问题也是如此。

① 索尔·阿林斯基（Saul Alinsky，1909—1972），美国社会活动家、作家。他的著作和方法被广泛运用于民权运动、劳工运动等。——译者注

Channel Your Energy

引导你的能量

当环境中不可避免的冲击打乱你的节奏时，
马上回归自我，尽可能不要失去节奏。
如果你能一直保持节奏，你就能更好地把握住和谐的状态。

——马可·奥勒留

作为一名网球运动员，阿瑟·阿什是一个矛盾体。为了在20世纪五六十年代的种族隔离中生存，他从父亲那里学会了在球场上掩饰自己的情感。没有情绪波动，不因失误而生气，也不挑战不公正的判罚。当然，作为一名黑人选手，他不能炫耀、庆祝或被认为过于努力。

他实际的表现和打球风格却完全不同。他将压抑的所有能量和情感都引导到一种大胆而优美的打法中。虽然他的面部表情得到了控制，但他的身体是充满活力的——动作流畅、把控全场。他对自己的评价很好地诠释了他的风格：“身体上放松，精神上紧绷。”

对阿瑟·阿什来说，这种组合在网球比赛中创造了一种几乎无法击败的风格。作为一个人，他会控制自己的情感，但作为一个运动员，他是冒险的、大胆的、冷静的。他冲向球并采取行动——打出让其他球员倒吸一口凉气的那种球。他能做到这一点,因为他是自由的。而且在最重要的地方自由：他的内心。

其他球员可以自由庆祝，可以随意发脾气或者怒视裁判和对手，但他们似乎无法像阿什那样处理比赛的高压。他们经常误解阿什为非人类，认为他自我封闭。当然，情感需要宣泄，但阿什用它们来推动他的爆发力，用在强有力的击球、轻松的挥拍和俯冲扑球中。他在比赛中恣意发挥，他表现得非常自由、无拘束和不受限制。

逆境可以让你变得更坚强，也可以让你变得更放松和更好——如果你愿意。

重新命名并阐述它，这就是阿什所做的——就像许多其他黑人运动员一样。例如，拳击手乔·路易斯[①]知道，种族主义的白人拳击迷不会容忍一位情感丰富的黑人拳手，所以他把所有的情感都隐藏在一张坚毅的面孔后面。他被称为“拳坛机器人”，让对手非常害怕。他把劣势变成了拳击场上意外的优势。

我们都有一些不愿意但必须遵从的约束——规则和社会规

---

① 乔·路易斯（Joe Louis，1914—1981），美国职业拳击手。他被认为是历史上最伟大的重量级拳击手之一，保持拳王头衔超过 11 年，成功卫冕拳王头衔 25 次之多，被誉为“褐色轰炸机”（Brown Bomber）。——译者注

范。衣着规范、礼仪、程序、法律义务和公司等级制度都告诉我们要如何行事。过多地思考这些事情会让我们感到压抑，甚至窒息。如果我们不小心行事，我们很可能会失去比赛状态，无法发挥出最佳水平。

与其屈服于挫败感，不如好好利用它。情感可以为我们的行为赋能，并使我们的行为变得更强更好，特别是当我们表现得更加自由和大胆时，这可能是与我们的性格或个性不同的地方。当其他人痴迷于遵守规则时，我们却在通过巧妙地破坏它们来实现自己的目标和利益。想想水，当它被人为的障碍阻挡的时候，它不会简单地停滞不前。相反，一旦它的能量被储存和释放，可以为整个城市的发电厂提供能源。

杜桑·卢维杜尔[①]曾是一名海地奴隶，后来成为将军，并成功地激怒了他的法国敌人，以至于他们曾经评论道："这个人在任何地方都能创造机会。"他自由自在、无法被限制，以至于他被赋予了"Louverture"这个姓氏，意为"开放"。这很有道理。他生活中的一切都是障碍，但他尽可能地将他的经历转化为机会。那么，军队、政治、山脉或拿破仑本人又有什么不同呢？

然而，当我们的幻灯片投影机无法工作时，我们感觉要崩溃了（而不是抛开它，做一个毫无准备、激动人心的演讲）。我们会和同事一起八卦（而不是在键盘上敲出有成果的内容）。

---

① 杜桑·卢维杜尔（Toussaint Louverture，1743—1803），拉丁美洲独立运动的早期领袖，海地共和国缔造者之一。——译者注

我们常常表现出不合适的情绪和行为反应，而不是采取积极的行动来解决问题。

但是,想象一下一个运动员“在运动中”“进入状态”“连胜”，各种看似不可逾越的障碍在这种轻松自如的状态下消失。巨大的逆境崩溃了，每个传球或射门都击中了目标，疲劳感消失了。各种外部因素的干扰可能会影响运动员的具体行动，但不会影响到他们的目标。外部因素影响路径，但不影响方向：前进。

我们生活中的什么挫折能够抵抗这种优美、自由、强大的掌控?

身体和精神上的松弛不需要特殊的才能。这是不负责任的态度。我们需要的是正确的行动。身体和精神上的紧张呢？那被称为焦虑。这也行不通，因为最终我们会崩溃。但是身体上的放松结合精神上的克制呢？这才是强大的。

这是一种让我们的竞争对手发疯的力量。他们认为我们在戏弄他们，这让他们感到非常恼火——竞争对手可能会认为我们好像没有真正在努力获胜，好像我们已经放弃了和外部世界的联系。我们看起来就像对外部的压力和限制免疫一样，专注于实现我们的目标而不受外部因素的干扰。

因为我们就是这样。

Seize the Offensive

抓住主动

最优秀的人并不是那些等待机会的人，而是那些抓住机会的人；他们包围机会，征服机会，使机会成为自己的仆人。

——埃德温·哈布尔·蔡平

2008 年春天，巴拉克·奥巴马的总统竞选陷入了危机。他的牧师杰里迈亚·赖特[①]发表了激烈的涉及种族问题的言论，在初选的关键时刻，这给奥巴马在黑人和白人选民间的脆弱联系带来了威胁，使他的竞选面临解体的风险。

种族、宗教、人口统计学、争议混成一团，形成了政治灾难，大多数候选人会因为害怕而无法采取行动。他们通常的反应是

① 杰里迈亚·赖特（Jeremiah Wright），曾经参加过美国海军和海军医疗队，并在霍华德大学和芝加哥神学院接受了教育。他也是一位作家和演讲者，出版了多本书和音像制品，并在各种场合发表过演说，包括美国国会大厦、哈佛大学、耶鲁大学等。他曾经是美国前总统奥巴马的牧师和朋友，但后来因为他在 2008 年总统竞选期间发表了一些引起争议的言论而与奥巴马产生了分歧。——译者注

隐藏、忽视、含糊其词或保持距离。

无论人们对奥巴马的政治立场持何种看法，都不能否认接下来发生的事情。他将竞选中最低谷的时刻转化为一次惊人的攻势。

奥巴马决定采取行动，他违反常规，还遭到了所有人的反对，他将这个负面情况视为“有教育意义的时刻”。奥巴马利用围绕争议产生的关注和能量吸引了全国观众，并直接向美国人民讲述了种族问题。

这篇演讲名为“为了更完美的联邦”，是一个转折点。奥巴马没有回避，而是直面了一切。通过这样做，他不仅化解了一个可能致命的争议，而且创造了一个夺取选举制高点的机会。他吸收了负面局面的力量，将竞选活动注入了一种能量，并且成功入主白宫。

如果你认为只要利用生活中出现的机会就足够了，那么你就无法实现伟大。任何有感知力的人都可以做到这一点。你必须学会在周围所有人都看到灾难时坚定地向前推进。

正是在看似糟糕的时刻，在人们最意想不到的时候，我们可以迅速而出乎意料地行动，便能取得一场重大胜利。当别人被挫败感束缚时，我们没有。我们以不同的方式看待这一刻，并相应地采取行动。

不要理会政治，而要关注奥巴马的顾问拉姆·伊曼纽尔[①]

① 拉姆·伊曼纽尔（Rahm Emanuel），曾是美国前总统奥巴马的高级顾问，担任过芝加哥市长和美国众议院议员。——译者注

曾经给他的一条绝妙的建议:“绝对不要让一个严重的危机白白浪费。那些已经拖延了太久的事情，那些本来是长期的而现在变成了紧急的必须处理的事情。一场危机为我们提供了一个机会，让我们做一些以前做不到的事情。”

纵观历史，一些最伟大的领袖利用了令人震惊或负面的事件推动了急需的改革，而原本这些改革通过的机会很小。我们可以将这个应用到我们自己的生活中。

你一直计划着做些事情，比如写剧本、旅行、创业、接触潜在的导师、开展一场运动。

现在，某些破坏性的事件发生了，比如失败、事故或者悲剧。让我们好好利用它们。

也许你正躺在床上修养。那么，你现在有时间写作了。也许你被情绪压倒了，痛苦不堪，那就把它转化成素材。你失去了工作或一段恋情?那很糟糕，但现在你可以毫无拘束地去旅行。你遇到了问题?现在你知道应该找导师来解决什么了。抓住这个时刻，去执行那个长期在你脑海中潜伏的计划。每个化学反应都需要一个催化剂，让这个时刻成为你的催化剂。

普通人会回避负面的情况，就像他们回避失败一样。他们尽力避免麻烦。伟大的人所做的恰恰相反。他们在这些情况下表现得最好。他们把个人悲剧或不幸——其实任何事情、所有事情——都变成自己的优势。

但当这场危机摆在你面前时?你在浪费时间为自己感到难过，你为自己感到疲倦或失望。你忘记了:生活偏爱勇敢者，奖赏胆大的人。

我们坐在这里抱怨没有得到机会或机遇。但其实，我们有啊。

在我们短暂的人生中，我们在某些时刻面临巨大的考验。通常这些考验令人感到沮丧、不幸或者不公平。它们似乎恰好在我们认为最不需要的时候出现。问题是：我们是将其视为完全消极的事件，还是可以克服它所代表的消极或逆境，并对其发起进攻？或者更准确地说，我们是否能看到这个“问题”为我们长期等待的解决方案提供了机会？

如果你不抓住这个机会，那就是你自己的问题。

拿破仑简单地描述了战争：两支军队就像两个身体，相互碰撞和恐吓。在冲突的一刹那，有一种恐慌的感觉，而正是这一刹那，优秀的指挥官才能抓住机会。

例如，隆美尔以他的“前线经验”（fronterfahrung[①]）而闻名，他有一种对战斗中决定性时刻的第六感。这是一种敏锐的能力，即使在紧张的时刻，也能感受到进攻最有效的精确时刻。这正是使他能够在困境中反败为胜的原因。

当其他人看到的是灾难，或者顶多只是战斗中正常的噪声和尘土时，隆美尔却看到了机会。他说：“上天赐予了我感觉敌人薄弱的能力。”他会以他全部的精力攻击这些敌人。掌握节奏并永不放弃。

---

① fronterfahrung 是德语词汇，译为“前线经验”（front experience），指的是在前线战斗中所获得的经验和直觉，尤其是对于决定战斗胜负的关键时刻的准确感知能力。“前线经验”不仅是一种战术技能，也是一种战略思维能力。隆美尔能够把战场上的各种细节和局势纳入自己的思考范畴，从而做出最明智的决策。——译者注

伟大的指挥官寻找决定性时刻。因为正是决策点能量的爆发才能打开局面。他们不断施压，然后就在情况似乎无望时，或者更有可能是陷入无望的僵局时，他们再次施压。

在许多战斗中，就像在生活中一样，两股对立的力量通常会达到相互耗竭的状态。经过一整天的战斗和集结，第二天早上起来，没有选择撤退的那个人说："我打算在此时此地攻击并打败他们。"那么他会把胜利带回家。这是智慧的胜利。

这就是奥巴马所做的。没有逃避，没有屈服于漫长而势均力敌的初选所带来的疲惫。在最后的关头振作起来。超越挑战并重新定义它，最终取得胜利。他把一个丑陋事件变成了一个"有教育意义的时刻"，并发表了一篇有关种族问题的最为深刻的演讲。

障碍不仅被颠倒了过来，而且被用作了成功的弹射器。

Prepare for None of It to Work

做好一切都不奏效的准备

与此同时，要牢牢遵守以下规则：不要屈服于逆境，不要相信顺境，总是要充分注意命运的习惯——她会随心所欲地行事。

——塞涅卡

我们可以管理我们的感知。我们可以指导我们的行动。我们总是可以清晰地思考，创造性地回应。寻找机会，抓住主动权。

但我们不能控制周围的世界，至少不能像我们希望的那样。即使我们感知得很准确，采取了正确的行动，有时我们还是会失败。

我们可以这样理解：没有什么能阻止我们去尝试。永远没有。

抛开所有创造力和奉献精神不谈，在我们尝试之后，有些障碍可能最终也无法克服。有些行动是不可能的，有些道路是行不通的。有些事情是超出我们能力范围的。

这并不一定是一件坏事。因为我们也可以把那个障碍颠倒过来，只需把它作为一个实践其他美德或技能的机会——即使它只是让我们学会了接受坏事发生，或者练习了谦卑。

这是一个无限弹性的公式：在每种情况下，阻碍我们前进的事实上提供了一条新的道路，让我们能够发掘新的潜力。如果你爱的人伤害了你，那么你可以练习宽恕。如果你的生意失败了，你可以练习接受。如果你无法为自己做其他事情，至少你可以尝试帮助别人。

正如杜克·艾灵顿[①]所说的那样，问题给了我们展示最好的自己的机会。

只是尽力而为，就是这样。不需要做不可能的事情。

我们必须愿意冒险并承担失败的风险。在一天结束时，要为一切都不奏效做好准备。

每个追求目标的人都会屡次面对这个问题。有时候，无论我们多么努力地计划、思考，无论我们怎么坚持不懈，都无法改变一些事实：有些事情就是不会成功。

世界上不需要那么多殉道者。

我们可以成为这样一种人，努力去完成事情，然后全力以赴，不管结果如何，都能够迅速接受并继续向下一个目标前进。

你是这样的人吗？你可以成为这样的人。

---

① 杜克·艾灵顿（Duke Ellington，1899—1974），美国著名的爵士乐作曲家、钢琴家和乐队指挥。他是20世纪爵士乐的代表人物之一。——译者注

第三章
意志

什么是意志？意志是我们内在的力量，它永远不会受到外界的影响。它是我们最后的王牌。如果行动是在我们还有一些主动权的情况下行事，那么意志就是我们在主动权几乎消失的时候可以依赖的东西。置身于一些看似无法改变且明显消极的情境中，我们仍然可以把它转变成一个学习的体验，一个谦卑的体验，一个给予他人安慰的机会，这就是意志。但意志需要培养。我们必须为逆境和动荡做好准备，必须学习顺从的艺术，并在黑暗时期也能保持愉快。人们常常认为意志是我们有多么渴望某件事情。实际上，人的意志不仅与坚强和顽强有关，还与愿意放下、接受和适应当前情况相关。试试“天意如此”而不是“胜利之心”或“将其实现”，因为即使这样的意愿也可能被破坏。真正的意志是安静的谦逊、韧性和灵活性；另一种意志则是伪装成咄咄逼人和野心的软弱。看看哪种能在最艰难的障碍下更持久。

The Discipline of the Will

意志的纪律

由于已经被神化，大多数人不知道亚伯拉罕·林肯一生都在与严重的抑郁症做斗争。这种病当时被称为“精神病”，疾病常常令他痛苦不堪，严重地影响着他的生活，他曾两度试图自杀。

他喜欢讲笑话和粗俗的幽默故事，我们更愿意记住他是这样的人。但在困难时期，他的生活状况是截然相反的。尽管他也有快乐轻松的一面，但曾经经历过忧虑、孤独和痛苦。在内心深处，他努力抵抗着沉重的负担，这常常让他感觉无法承受。

纵观林肯的一生，他忍受和克服了巨大的困难。他在贫穷的农村长大，还在孩童时代就失去了母亲。他自学成才，学习了法律。在年轻的时候，他失去了心爱的女人。他在一个小乡村从事法律工作，从政之路经历了多次失败，还有抑郁症一直伴随着他，这在当时还没有被理解或视为一种疾病。所有这些都是林肯面临的障碍，但他能够自我激励、自我推动，以恰当的野心、良好的心态及温柔的忍耐力最终应对和克服了障碍。

林肯遭遇了如此强烈的个人挑战，以至于他开始相信在某种程度上这些都是命中注定，尤其是抑郁症，这是一份独特的经历，让他为更伟大的事业做好了准备。他学会了忍耐且清晰表述这一切，并从中找到益处和意义。理解这一点是理解这位伟大人物的关键。

在林肯政治生涯的大部分时间里，奴隶制是笼罩整个国家上空的乌云，预示着一场可怕的风暴。有些人逃避它，其他人接受它或成为它的辩护者，而许多人认为，如果联邦政府无法解决奴隶制问题，那么南部各州可能会脱离联邦，导致联邦的瓦解。甚至更糟糕的是，他们认为世界末日就要到来了。

结果证明，林肯在个人生活中形成的每一种品质，正是他领导国家经历种种困难和考验时所需要的。与其他政治家不同的是，他不会在琐碎的冲突和分心中迷失自我，他既不过分乐观，也不像其他人那样心怀仇恨。他个人的痛苦经历促使他怜悯别人的痛苦。他很有耐心，因为他知道艰难的事情需要时间。最重要的是，他在一项比自己和个人挣扎更重要的事业中找到了目标和解脱。

这个国家需要一位宽宏大量和有目标的领导人——林肯身上具备这些特质，虽是一位政治新手，但在意志和耐心方面是经验丰富的专家。这些特质源于他自己的“严酷经历”，正如他经常说的那样，这些特质代表了一种独特的能力，可以带领国家度过一次最艰难和痛苦的考验：内战。

尽管林肯聪明、野心勃勃，但他真正的力量在于他的意志力：他能够毫不气馁地承担繁重的任务，带着幽默又严肃的态度利用自己曾经经历的困境教育和帮助他人，他不受周围嘈杂声音的干扰，以哲学的视角看待政治问题。“这也将过去”是林肯最喜欢的说法之一，他曾说这句话适用于任何情况。

为了应对他的抑郁症，林肯构建了一个强大的内心堡垒来支撑自己。在 1861 年，这再次赋予他力量，使他能够忍耐并最终打赢一场即将开始的战争。经过四年，战争演变得极具暴力，林肯一开始试图阻止战争，但最终决定为正义而战，并试图以“无人怀恨”来结束战争。在林肯最后的日子里，海军上将戴维·波特（David Porter）与他在一起，波特写道：林肯似乎“只认为自己有一项不愉快的任务要完成”，并且“尽可能顺利地完成它”。

我们应该感到幸运，自己从未经历过这样的考验，也不需要像林肯一样，将个人的痛苦留在心中，并利用它来克服困境。但我们一定可以，而且必须要学习他的镇定和勇气。

在政治生涯或生活中，只保持清醒的头脑和行动是不够的。有些障碍是无法轻易解决的。一个人不能独自消灭一股巨大的恶势力，或阻止一个正在走向冲突的国家。当然，我们会尝试着去做，因为这是有可能的。但我们也必须做好准备，做好应对这种痛苦的准备，并以坚定和忍耐的态度来处理它。

这就是林肯：他总是准备好新的想法或方法（无论是向被围困在萨姆特堡的部队派遣补给船而不是增援，还是在安提塔姆会战联盟获胜之际发表《解放黑人奴隶宣言》，以展现强大的力量），但同时做好了最坏的准备，然后在最坏的情况下努力做到最好。

领导力需要决心和精力。在有些情况下，需要领导者调动这种坚定的能量来忍受苦难，并能在可怕的时刻为自己提供力量。正是因为林肯经历了这一切，与这些困境做斗争并学会了应对，他才能够将国家、事业、个人努力凝聚在一起。

这就是最终的纪律——意志的意义所在。如果感知和行动是头脑和身体的训练，那么意志就是心灵和灵魂的训练。意志是我们完全可以控制的。虽然我可以试图减少有害的感知和将100% 的精力投入行动中，但这些尝试可能会受到阻碍或抑制。我的意志则有所不同，因为它在我内心深处。

意志是坚韧和智慧的体现，它不仅关乎具体的障碍，关乎生命本身，还关乎我们面临的障碍在整个人生经历中的位置和意义。它赋予了我们终极的力量，即忍受、理解和从无法轻易克服的障碍中汲取意义的力量（顺便说一句，这也是逆风翻盘的方法）。

即使在当时，林肯的同时代人也惊叹于这个人的冷静、严肃和仁慈。今天，这些品质几乎被神圣化了，似乎超越了人性。他的行动体现了他的独特性。林肯好像从那些让其他人感到沉重的痛苦中超脱，他好像来自另一个星球。

在某种程度上，他确实如此。或者说，林肯好像从非常遥远的地方来到了这个世界，那是其他人没有到达过的地方。正如维吉尔[①]所说，林肯在苦难中学会了“安慰那些也在苦难中的人”。这也是意志力的一部分——为他人着想，使我们无法避

---

① 维吉尔（Virgil），古罗马诗人，被誉为西方文学的奠基人之一。他因三部作品闻名于世，分别是《牧歌》（*The Eclogues*）、《农事诗》（*Georgics*）和《埃涅阿斯纪》（*Aeneid*）。——译者注

免的最糟糕的情况变得更好，以快乐和同情的态度应对命运。

林肯的言语深入人心，因为它们出自他的内心，他可以接触到这些人类的情感体验，包括痛苦、孤独、绝望、悲伤、希望等，然而很多人将自己封闭起来。他的个人痛苦是他的一种优势。

林肯作为领导者是坚强而果断的。他也体现了斯多葛哲学的准则：坚持和克制（sustine et abstine）。承认痛苦，但在任务中继续前行。如果战争持续得更久，林肯会领导人民渡过难关。如果联邦在内战中失败，他也知道他已经竭尽全力追求胜利。更重要的是，如果林肯被击败，他拥有尊严、力量和勇气承受由此产生的任何后果。无论是胜利还是失败，他都会为其他人提供一个榜样。

随着现代科技的发展，人类产生了自以为能够控制周围世界的傲慢错觉。我们坚信，现在终于可以控制那些不可控制的因素了。

这当然不是真的。我们很可能永远无法消除人生中令人不愉快和不可预测的部分。只需回顾历史，我们就能看到这个世界是多么无常、残酷和可怕。难以理解的事情时常发生。

生活中的某些事情会像刀子一样将你割开。在那一刻，当你暴露的时候，世界就能窥视你内在的真实面目。那么，当你被压力和困境切开时，内心的本质会被揭示出来，是铁石？是空气？还是稻草？

因此，意志是至关重要的第三个纪律。我们可以思考、行动，最终适应这个本质上不可预测的世界。意志使我们做好了准备，保护我们免受其影响，让我们即使身处逆境也能茁壮成长并快乐生活。同时，意志也是最难掌握的纪律之一。它使我们能够在其他人憔悴和混乱的时候仍能够气定神闲。自信、冷静，随时准备工作，不受环境影响。即使在超出想象的情况下，即使在最糟糕的噩梦成真时，也有意愿和能力继续前行。

控制我们自己的感知和情绪要比放弃对其他人和事的控制欲望更容易。坚持努力和行动要比忍受不适和痛苦容易得多。思考和行动要比实践智慧容易得多。

接受教训往往更难，但最终对于从逆境中获得优势至关重要。在每种情况下，我们都可以……

始终为更艰难的时刻做好准备。

始终接受我们无法改变的事情。

始终管理好我们的期望。

始终坚持不懈。

始终学会热爱命运和发生在我们身上的事情。

始终保护我们的内在自我，退到内心深处。

始终臣服于更伟大的事业。

始终提醒自己生命有限。

当然，还要为开始新的循环做好准备。

Build Your Inner Citadel

建造你的内心堡垒

如果你在逆境中气馁，你的力量就微不足道。[①]

——《箴言》

12 岁之前，西奥多·罗斯福饱受哮喘之苦，几乎每天都要与它做斗争。尽管他出身优越，但几乎每晚都要经历一次濒死体验，生活处于不稳定的状态。他高高瘦瘦、虚弱不堪，稍微用力就会打乱身体的平衡，让他卧床数周。

一天，父亲走进了他的房间，说了一句改变这个男孩一生的话：“西奥多，你有聪明的头脑却没有强健的身体，我会给你提供锻炼身体的工具，这将是一个艰辛的过程，但我相信你有决心坚持下去。”

你可能认为这对一个孩子来说是毫无意义的，特别是对于

① 这句话出自《圣经·旧约》中的《箴言》第 24 章第 10 节，《箴言》中收录了许多关于生活、道德和信仰的格言和教导。——译者注

一个出生在富裕显赫家庭中的孩子。但据罗斯福的妹妹回忆，她见证了这次对话，情况并非如此。罗斯福用他那标志性的乐观和坚毅的态度看着他的父亲说：“我会锻炼我的身体。”

在父亲为他建在二楼门廊的健身房里，年轻的罗斯福在接下来的五年里每天疯狂地锻炼，缓慢地增强肌肉和上身力量，以对抗他脆弱的肺部，并为未来做好准备。到他 20 多岁时，与哮喘的战斗基本结束了，他已经——几乎是字面意义上的——消除了他身体的虚弱。

在那个健身房的训练，让这个身体虚弱但头脑聪明的年轻男孩为全国和世界即将迎来的一系列挑战和变革做好了准备。这是他追求“艰苦生活”所需的准备，也是实现这一切的开端。

对罗斯福来说，生活带给了他很多挑战：他先后失去了妻子和母亲；要面对强大的、根深蒂固的政治敌人，他们鄙视他的进步议程；他在选举中被击败；国家卷入了外国战争；他在几乎致命的暗杀企图中幸存下来。但得益于他早期的训练和每天坚持不懈地练习，他准备好了应对这一切。

你准备好了吗？如果事情突然变得更糟，你真的能应对自如吗？

我们认为软弱是理所当然的。我们认为我们出生的方式就是我们本来的样子，我们的劣势是永久的。然后我们就开始躺平。

这不一定是解决生活困难的最好方法。

不是每个人都接受自己糟糕的人生开端。他们通过活动和运动重新塑造自己的身体和生活。他们为艰难的路程做好了准备。他们希望自己永远不必走这条路吗？当然。但无论如何，他们都做好了准备。

你呢？

没有人天生就有钢铁般的脊梁。我们必须自己打造。

我们通过体育训炼锻造我们的精神力量，通过精神实践提高我们的身体耐力。

这种方法可以追溯到古代哲学家。他们所发展的每一个哲学理念都旨在重塑、准备和强化他们，以迎接未来的挑战。许多人认为自己是精神运动员——毕竟，大脑就像任何其他活性组织一样是一块肌肉。通过正确的锻炼可以增强和调节它。随着时间的推移，他们的肌肉记忆增强到了能够凭直觉应对每一种情况的地步，特别是面对障碍的时候。

有人说，无论犹太人流散在世界何处，无论他们面临什么迫害或困难，他们都可以从信仰中获取力量和安全感。

想想《哈加达》[①]中的这句话："在每一代中，每一个人都有责任把自己视为出埃及的那个人。"

在逾越节[②]的晚宴上，菜单上有苦味草和无酵母面包——"苦难之面包"。为什么呢？在某些方面，正是这种坚韧支撑了犹太民族几个世纪。这个仪式不仅庆祝和尊重犹太传统，而且促使参加晚宴的人想象和拥有推动他们前行的力量。

这与斯多葛学派所称的内心堡垒非常相似，它是我们内心

---

① 《哈加达》（*Haggadah*）在希伯来语中意为"讲述"，是一种犹太文本。——译者注

② 逾越节（Passover）是犹太教的一个重要节日，纪念以色列人从埃及的奴役中获得自由。——译者注

的堡垒，任何外部逆境都无法打破。一个重要的警告是，我们并不是天生就有这样的结构，它必须被建立并积极加强。在顺利的时候，我们强化自己的身心，以便在困难的时候可以依靠它。我们维护我们的内心堡垒，以便它可以为我们遮风挡雨。

对罗斯福来说，生命就像一个竞技场，他是一名角斗士。为了生存，他需要强壮、有韧性、无畏和随时做好准备。他愿意冒人身伤害的风险，花费大量精力来培养这种坚韧。

让自己变得更强壮，这比试图削弱一个对我们的存在漠不关心的世界要容易得多。无论我们是像罗斯福那样生来身体虚弱，还是现在正经历着美好的时光，都应该时刻准备好迎接困难。在我们自己的战斗中，以我们自己的方式，其实每个人都与罗斯福所处同样境地。

没有人天生就是一名角斗士。没有人天生就有内心堡垒。如果我们要在克服可能出现的障碍中成功，就必须构建这种意志力。

要擅长某件事需要练习。障碍和逆境也是一样。虽然坐享舒适的现代生活会更容易，但准备的好处在于，当某人或某事突然打乱我们的计划时，我们不会失去所有——尤其是我们的头脑。

这个观察似乎已经变成了陈词滥调，不过我们知道加强拱门的方法是给它施加重量——将石头组合在一起，只有在张力下拱门才能承受重量——这是一个很棒的比喻。

走捷径是一个糟糕的老师。我们不能回避那些让我们感到害怕的事情。我们不应该把我们的弱点当作理所应当。

你可以独自一人应对吗？你是否有足够的力量再战斗几轮？你是否习惯挑战？不确定性会困扰你吗？压力下感觉如何？

因为这些事情会发生在你身上。没有人知道何时或如何发生，但出现是肯定的。生活需要一个答案。你为自己做出了选择，选择了一种有行动力的生活。现在你最好为它会带来的一切做好准备。

这是你的盔甲。它不会让你无敌，但它可以帮助你准备好面对命运的变化……而命运总是会变化。

Anticipation(Thinking Negatively)

预期（消极思考）

如果你给出一个保证，就会招来灾难。

——德尔菲神庙的古代铭文

在一项重大的新举措要启动前，CEO 召集员工们到会议室，大家坐在会议桌周围。CEO 宣布会议开始：“我有个坏消息。这个项目失败了。告诉我出了什么问题？”

什么？！但是项目甚至还没有启动……

这才是重点。这就是 CEO 强制进行的一种预见性练习，叫作“事前验尸法”（premortem）。这个练习是由心理学家加里·克莱因[①]设计的。

① 加里·克莱因（Gary Klein），美国著名的认知心理学家。他也是美国军队、美国国防部、美国心理学会的权威决策专家，是麦肯锡、IBM 等知名企业常年邀约的决策大师。——译者注

在尸检中，医生们聚在一起来检查病人意外死亡的原因，以便在下一次出现类似情况时学习和改进。在医学界之外，我们在许多事情上使用这种方法——汇报、离职面谈、总结会、评审——但是不管叫什么，想法是一样的：我们在事后审视项目。

事前验尸法则不同。在这种练习中，我们预先考虑可能出现什么问题、将会出现什么问题。太多野心勃勃的计划因为可预防的原因而失败。太多人没有备用计划，因为他们拒绝考虑某些事情可能不会完全按照他们的意愿进行。

你的计划和事情最终的发展很少是一致的。你认为自己应得的东西也很少会真正得到。然而我们不断地否认这个事实，并一再对世界上发生的事件感到震惊。

这太荒谬了。别自讨苦吃。

没有人比迈克·泰森[①]说得更好了，他在回顾财富和名望一落千丈时告诉一名记者："如果你不谦虚，生活将使你变得谦虚。"

如果在我们生命中的关键时刻，有更多的人能够考虑到最坏的情况，那么科技泡沫、安然事件、"9·11"事件和房地产泡沫这样的灾难本是可以避免的。没有人想过将要发生什么，结果呢？各种灾难相继发生。

当今，在商业领域里，从初创企业到《财富》500强公司再到《哈佛商业评论》，预防性分析越来越受欢迎。就像所有伟大的想法一样，它实际上并不是什么新鲜事，这归功于

① 迈克·泰森（Mike Tyson），美国前职业拳击手，多次获得世界重量级冠军。称霸世界拳坛20年，他被认为是有史以来最伟大的重量级拳击手之一。——译者注

斯多葛学派。他们甚至有一个更好的名字：预先想象的灾祸（premeditatio malorum）。

像塞涅卡这样的作家会先回顾或排练他的计划。比如去旅行，他会在脑海中不断思考（或写下来）可能出现的问题或阻止计划实现的事情：可能会出现暴风雨，船长可能会生病，船可能会遭受海盗袭击。

他写信给一位朋友说："对智者来说，没有什么是出乎他的预料的……并不是所有事情都按照他的意愿发生，而是如他所料，最重要的是他考虑到一些东西可能会阻碍他的计划。"

始终准备迎接干扰，始终将干扰纳入我们的计划中。适应失败或胜利。坦白地说，愉快的惊喜比不愉快的要好得多。

如果……

那么我会……

如果……

相反的，我会做……

如果……

没问题，我们总是可以……

在无能为力的情况下，斯多葛学派会把这视为一种重要的实践，做一些其他人通常做不到的事情：管理期望。因为有时对于"如果……"，唯一的答案是"这很糟糕，但我们会没事的"。

你的世界受外部因素支配。承诺不会总被兑现。即使你认为你应该得到某些东西，但你并不一定能得到。不是所有事情都像在商学院里做练习的时候那么纯粹和简单明了。要为这做好准备。

你必须为你周围的世界做出让步。我们依赖于其他人。并不是每个人都像自己一样可靠（不过，说实话，有时我们是我们自己最大的敌人）。这意味着人们会犯错误，搞砸你的计划——并非总是如此，但大多数时候会这样。

如果每次这种情况发生的时候，你总是感到惊讶，你不仅会感到痛苦，而且在继续第二、第三、第四次尝试的时候，会更难接受。我们唯一可以用来缓和这种情况的方法就是合理的预期。因为我们能够完全控制的唯一变量就是我们自己。

常识的智慧告诉我们：

小心暴风雨前的平静。

抱最好的希望，做最坏的准备。

最糟糕的还没有到来。

在变得更好之前可能会变得更糟。

世界可能会称你为悲观主义者。不过，谁在乎呢？显得悲观比盲目和猝不及防要好得多。最好考虑一下可能发生的事情，找出计划中的薄弱点，以便能够正确地看待必然发生的失败，适当地予以解决或者简单地忍受。

那么，我们之所以不会害怕厄运，是因为我们已经考虑到可能会发生的不利情况，也做好了相应的准备和处理措施应对逆境，而别人没有。换句话说，这种厄运实际上是给我们弥补时间的机会。我们就像在坡地或高海拔处训练的跑者一样，能够击败那些期望跑道是平坦的跑者。

当然，预期并不能神奇地让事情变得更容易。但我们已经做好了应对任何困难的准备，不管到底有多困难。

由于我们的预期，我们了解到事情可能发生的结果范围，并且知道它们并不都是好的（通常不是）。我们可以适应任何一种结果。我们知道可能会发生一切都不好的情况。现在，我们可以专注于手头的任务了。

你知道自己想要完成某件事，所以你投入了时间、金钱和人脉来实现它。最糟糕的事情不是发生了问题，而是问题发生了但你没有预料到。为什么？因为意外的失败让人沮丧，被击败会很痛苦。

但是，已经在脑海中排演过可能出现的问题的人，不会被意外所困扰。已经准备好失望的人也不会被困扰。他们有能力来承受它。他们不太可能因为面前的问题而受到挫折或逃避任务，或者在面对任务时犯错误。

你知道什么比在想象中构建事物更好吗？是在现实生活中构建事物。当然，用想象来构建事物比在现实中拆除事物更有趣。但是这有什么意义吗？它只会让你失望。幻想像绷带一样，只有在被撕掉时才会疼痛。

有了预期，我们就有时间筑起防线，甚至可以完全避免失败。我们已经做好了偏离正轨的准备，因为我们已经规划了回到正轨的方式。如果事情没有按计划进行，我们可以抵御崩溃。因为有了预期，我们才能忍受。

我们已经准备好打接受失败，但也为成功做好了准备。

The Art of Acquiescence

默许的艺术

命运指引着那些顺从它的人，阻碍着那些反抗它的人。

——克里安西斯

托马斯·杰斐逊[①]：一个天性安静、爱沉思和寡言的人——据说有语言障碍。与那个时代的伟大演说家——帕特里克·亨利[②]、约翰·卫斯理[③]、埃德蒙·伯克[④]相比，他是一个糟糕的公众演说家。

---

① 托马斯·杰斐逊（Thomas Jefferson，1743—1826），美国第3任总统（1801—1809），著名的建筑师、发明家、外交家、作家和启蒙思想家。——译者注

② 帕特里克·亨利（Patrick Henry，1736—1799），美国律师、政治家，以其激情洋溢的演讲和倡导美国独立而闻名。——译者注

③ 约翰·卫斯理（John Wesley，1703—1791），英国圣公会神职人员、基督教神学家、赞美诗作家。他最为人知的成就是创建并领导了一场名为"卫理公会"的基督教复兴运动。——译者注

④ 埃德蒙·伯克（Edmund Burke，1729—1797），爱尔兰政治家、政治理论家、哲学家和演说家。他对西方政治和哲学产生了重要影响，被认为是现代保守主义的奠基人之一。——译者注

他一心一意从政，他面临两个选择：不同意这个评价，或者接受这个事实。

他选择了后者，将别人投入到演说中的精力投入到写作中。在写作中，他找到了属于自己的媒介。他发现这样可以清晰地表达自己。写作是他的优势。杰斐逊是开国元勋们在撰写《独立宣言》时求助的人。他在一次草稿中留下了历史上最重要的文件之一。

杰斐逊并不是一位出色的公众演说家，但是他承认这一点并相应地采取行动，所以这不会影响他的男子气概。

爱迪生也是如此，大多数人可能不知道，他几乎完全聋了。或者海伦·凯勒，她又聋又盲。对这两个人来说，正是这些感官的缺失和对这一事实的接受而不是憎恨，使他们能够发展出不同但极其强大的感官来适应现实。

虽然生活中的限制并不总是让人感到舒适，但它们是好事。特别是当我们能够接受它们并让它们指引我们时。它们促使我们走向我们本来不会追求的领域，发展出我们本来不会拥有的技能。我们宁愿拥有一切吗？当然，但这不是我们能决定的。

正如塞缪尔·约翰逊[①]博士所说："真正的天才是那些拥有广泛的智能，并在某个特定的方向上偶然得到了发展机会的人。"

这种引导需要征得我们同意。它需要被接受。我们必须允

---

① 塞缪尔·约翰逊（Samuel Johnson，1709—1784），英国作家、评论家和语言学家。他在当时的英国文化界有很高的地位，被认为是当时最重要的文学人物之一。他编纂的《英语辞典》是一部里程碑式的作品，对英语词汇的规范化和标准化起了非常重要的作用。——译者注

许一些意外发生在我们身上。

我不能就这样放弃！我想要奋斗！

你知道你不是唯一一个必须要接受不喜欢的东西的人，对吧？这是人类共同的经历。

如果有人认为交通信号灯是针对自己，那么我们会觉得他们疯了。

然而很多时候，这正是生活所迫。信号灯让我们在这里停下来。或者是某个十字路口被封锁了，被迫要绕行一条特定的路线。我们不能通过争论或大喊大叫来解决。我们只能接受它。

这并不是说，我们允许它阻止我们到达最终的目的地。但它确实改变了我们的旅行方式和旅行时间。

当医生给你开药方或诊断时，即使与你想要的截然不同，你会怎么做？你会接受。你不必喜欢或享受治疗，但你知道否认只会延迟治疗。

在区分出自己可掌控的事和不可掌控的事之后，如果问题的根源在于你无法掌控的事……那么你只有一个选择：接受。

球没有进。

股价一落千丈。

天气影响了运输。

跟我说：这就是生活。一切都会好的。

你不必喜欢某个事物就能掌握它——或者把它利用起来。当问题源于我们无法掌控的外部因素时，我们接受它并继续前行，一切会更好。停止对抗，认清现实，才能迎难而上。斯多葛学派用一个美丽的名字来描述这种态度——默然接受的艺术（the art of acquiescence）。

请注意，这与放弃不是一回事。这与行动无关——它是为了面对那些无法被行动改变的事物。谈论事情应该怎样总是很容易的，但是认清实际情况并接受它需要勇气、谦卑和决心。只有真正坚强的人才能直面这种必要性。

所有外部事件都对我们有益，因为我们可以把它们颠倒过来并加以利用。它们可以教我们那些我们不愿意学习的东西。

例如，在2006年，时任洛杉矶湖人队教练的菲尔·杰克逊受长期髋部伤痛影响，修复手术严重限制了他在球场上的活动。他被安排在球员旁边的特殊船长式椅子上，不能像以前那样在场边走来走去或与球队进行互动。最初，杰克逊担心这会影响他的教练工作。但实际上，坐在场边让他更具权威，他学会了如何在不过于独断专行的情况下表达自己。

但是，要获得这些意想不到的好处，我们首先必须接受意想不到的代价，尽管我们本来不想这样。

不幸的是，我们经常太贪婪了，我们本能地考虑着在任何情况下都会变得更好。我们开始思考我们想要拥有什么。很少有人会考虑事情会变得多么糟糕。

事情总是有可能更糟。不是说要轻描淡写，但下次你：

赔钱了？

记住，你可能会失去一个朋友。

失去了工作？

如果你失去了一条腿呢？

失去了房子？

你还可能会失去一切。

但我们仍然不安地抱怨我们失去的东西，我们仍然无法欣赏我们所拥有的。

这种观念的核心是自负，认为我们可以改变一切。在当今这个世界里，我们能以纳秒的速度向全世界传输文件，与任何地方的人进行高清的视频聊天，预测天气可以精确到分钟的级别。我们很容易内化这种假设，认为自然已经被驯服，它听从我们的心意。当然不是这样。

人们也并不总是这样想的。古人（或者近现代的人）更频繁地使用“命运”这个词，因为他们更熟悉和了解这个世界是多么反复无常和随机。生活中发生的事情或经历被认为是“众神的意志”。命运是一种能够塑造我们生活和际遇的力量，通常不需要我们的同意。

过去的人常常在信上签有“上帝保佑”这样的话。因为谁知道会发生什么？

想想乔治·华盛顿，他把自己的一切投入美国革命中，然后说：“事情掌握在上帝手中。”或者艾森豪威尔，在西西里岛盟军进攻前夕写信给妻子说：“我们做了我们能想到的一切，部队状态良好，每个人都在尽力而为。答案掌握在上帝的手中。”这些人并不容易妥协，或者把细节留给其他人去决定，但他们最终理解要发生的总归会发生。然后他们就从那里开始。

是时候谦虚和灵活地承认自己生活中也存在同样之处了。总有某个人或某件事可能改变我们的计划。但那个人不是我们。俗话说：“谋事在人，成事在天。”

顺其自然。

但愿天佑。

自然允许。

墨菲定律。

无论你更喜欢哪个版本，其实都是一样的。过去那个时代和我们现在相比并没有太大的变化，只是古人更多地意识到了这一点。

看，如果我们把生命比作一个游戏，那就意味着要掷骰子、下注或发牌。像高尔夫球手说的那样，在球落下的位置打球。

生命赋予了你足够的素材，留下了很多你的印记。接受各种各样的人和事本身已经足够了。让它们带着你前行，像水从山上奔流而下一样，它最终总能到达山脚，不是吗？

因为你足够强健和有韧性去应对发生的一切，无论如何你都不能改变它，你看到的是足够大的画面和足够长的时间线，你必须接受的任何事情只是在你达成目标途中的一个微不足道的小插曲。

我们无动于衷，而这并不是一种弱点。

就像弗朗西斯·培根曾经说过的，想要掌控自然，就必须遵循自然规律。

Love Everything That Happens: Amor Fati

爱一切发生的事情：命运之爱

我凭借“命运之爱”[①]判断一个人伟大与否。这意味着他不想让任何事情改变，无论在过去、将来还是永远。不仅要承受，不仅不能隐瞒……更要热爱它。

——尼采

一天晚上，67岁的托马斯·爱迪生早早地从实验室回到了家。晚饭后不久，一名男子匆忙冲进他家里，告诉他几英里外的爱迪生研发和生产基地发生了火灾。

附近8个城镇的消防车赶到了现场，但依旧无法控制火势。由于各种建筑物里的奇怪化学物质的影响，绿色和黄色的火焰冲上了六七层楼，威胁着爱迪生一生所建立的整个帝国。

① “命运之爱”这个观念来自斯多葛哲学，主张我们应该接受和热爱生命中所有发生的事情，无论是好的还是坏的，因为它们都是命运的一部分，都会为我们的成长和发展带来经验和机遇。——译者注

爱迪生镇定地迅速赶到火灾现场，穿过现场数百名围观者和悲伤的员工，找到他的儿子，像孩子般兴奋地说：“去叫你的妈妈和她所有的朋友，他们永远不会再看到这样的火灾了。”

什么？！

“别担心，”爱迪生平静地对他说，“没关系，我们刚刚处理掉了很多垃圾。”

这是一个相当令人吃惊的反应。但如果仔细想想，你就会发现没有其他更好的反应方式了。

爱迪生应该做什么？哭泣吗？发脾气？放弃然后回家？

那样做究竟会有什么好处呢？

现在你知道答案：什么好处都没有。因此，他没有浪费时间纵容自己。要做大事，我们需要能够忍受悲剧和挫折。我们必须热爱我们所做的一切及其所带来的一切，无论是好是坏。我们必须学会在每一件事情中找到快乐。

当然，爱迪生的建筑里不只有一点点“垃圾”。他多年积累的珍贵记录、原型和研究成果全部化为灰烬。这些建筑是用所谓的防火混凝土建造的，实际上只买了一小部分的保险。因为他们认为这种灾难不可能发生，因此爱迪生和他的投资人只得到了不到三分之一的保险赔偿。

尽管如此，爱迪生并没有伤心欲绝，他本可以也应该如此。相反，这让他更有活力。他告诉一位记者，他还没有太老，可以重新开始。他说：“我经历过很多这样的事情。这可以防止一个人感到倦怠。”

大约用了 3 周的时间，工厂部分恢复了运营。在 1 个月内，他的员工每天两班倒，生产出了前所未见的新产品。尽管损失了近 100 万美元（相当于今天的 2300 多万美元），爱迪生还是调动了足够的精力，在那一年赚了近 1000 万美元的收入（在今天相当于 2 亿多美元）。他不仅经历了一次惊人的灾难，而且以惊人的方式应对了灾难。

在我们放弃期望并接受发生在我们身上的事情之后，理解到某些事情——特别是坏事情——超出我们的控制范围，下一步就是：热爱发生在我们身上的任何事情，并以无尽的乐观去面对它。

将我们必须要做的事情变成我们愿意去做的事情。

我们要把我们的精力、情感和努力放在真正有影响的地方。这就是那个地方。我们会告诉自己：这是我必须做的或要忍受的事情吗？那不如我高兴地应对。

这里有一幅形象的画面：杰出的拳击手杰克・约翰逊（Jack Johnson）与吉姆・杰弗里斯（Jim Jeffries）著名的 15 回合搏斗[①]。杰弗里斯在美国白人的强烈呼吁下重新出山，希望能击败当时崛起的黑人拳王约翰逊。尽管被对手和观众仇恨，约翰逊仍然享受比赛的每一分钟。他一直保持微笑，不开玩笑，这种状态

① 杰克・约翰逊与吉姆・杰弗里斯的 15 回合比赛，是 1910 年 7 月 4 日在美国内华达州里诺举行的一场世界重量级拳击冠军争夺战，被称为“世纪之战”。这场比赛不仅是一场体育竞技，还是一场种族对抗，因为黑人拳王约翰逊被认为是白人至上主义者的威胁。杰弗里斯是前重量级冠军，他在退役六年后复出，试图夺回冠军头衔。约翰逊在第 15 回合击败了杰弗里斯，结束了这场持续了 1 小时的激战。——译者注

持续了整个比赛。

为什么不呢？其他的反应没有任何价值。他应该因为别人的憎恨而憎恨他们吗？愤怒是他们的负担，而约翰逊拒绝承担。

并不是说约翰逊只是忍受着辱骂。相反，约翰逊围绕这种情况制定了作战计划。当杰弗里斯在角落里说出恶毒的话语时，约翰逊就会让杰弗里斯再次受到猛击。当杰弗里斯做出低级动作或突袭时，约翰逊会回应并将其击退，他从不失去冷静。当一次精准的打击在约翰逊的嘴唇上留下了一道伤口时，他仍然保持微笑——一种血淋淋但依然愉快的微笑。每一回合，他都变得更快乐、更友好，而他的对手则变得愈发愤怒和疲惫，最终失去了战斗意志。

在你最糟糕的时刻，想象一下约翰逊：总是冷静，总是能掌控一切，真心地热爱证明自己的机会，为人们表演，无论他们是否希望他成功。每一句话都带来了它应得的回应，不多不少，这让对手自掘坟墓。直到杰弗里斯倒地，关于约翰逊的所有质疑都消失了。

正如著名小说家杰克·伦敦[①]在擂台旁的座位上报道的那样：

没有人理解他，这个微笑的男人。好吧，比赛的故事就是一个关于微笑的故事。如果有人仅凭微笑就赢得比赛，那今天

---

① 杰克·伦敦（Jack London，1876—1916），美国现实主义作家。他的作品描绘了自然的残酷和人类在其中的生存挑战。他的创作灵感很大程度上来自他的亲身经历，如淘金热时期的探险、捕海豹等。——译者注

的约翰逊就是这个人。

这个人也是我们自己，或者说，如果我们努力成为像他一样的人，我们也可以成为他。因为我们正与自己的障碍做斗争，我们可以用我们无尽的微笑消磨它们（那些试图挫败我们的人或障碍物）。我们可以像爱迪生那样，面对工厂起火，不哀叹自己的命运，而是享受这场壮观的场景。然后在第二天开始恢复工作，很快就会东山再起。

你的障碍可能没有那么严重或暴力。但是它们仍然很重要，并且超出了你的控制范围。它们只值得一种反应：微笑。

正如斯多葛学派对自己所要求的那样：在所有情况下都要保持愉快，尤其是在糟糕的情况下。谁知道爱迪生和约翰逊是从哪里学到这个的，但他们显然做到了。

学会不对我们无法控制的事情大喊大叫是一回事。漠不关心和接受肯定比失望或愤怒要好。很少有人理解或实践这门艺术。但这只是第一步。比所有这些都更好的是，对我们所经历的每一种情况都充满爱。

目标：

不是我可以接受这个，不是我觉得我对这个感觉还可以，而是我对此感觉非常好。

如果它发生了，那么它就注定要发生，我很高兴它在该发生的时候发生了。我决定要充分利用它。

然后开始实现这个目标。

我们不能选择发生在我们身上的事情，但我们总是可以选择对它的感受。为什么你要选择除了美好以外的其他感觉呢？我们可以选择让自己好好表现。如果事件必须发生，那么“命运之爱”就是我们的回应。

不要浪费一秒钟的时间回顾你的期望。向前看，微笑地面对。

学习约翰逊和爱迪生的故事很有必要，因为他们不是被动的。他们没有简单地妥协和容忍逆境。他们接受了发生在他们身上的事情。而且，他们喜欢它。

我知道，感激那些我们从未预料会发生的事情有些不合情理。但我们现在知道，逆境中蕴含着机会和好处。在克服逆境的过程中，我们会变得更强大、更敏锐、更有力量。几乎没有理由让我们推迟这些感觉。我们本可以提前感受到这些，因为这是不可避免的。

你喜欢它们，因为它们是燃料。你不仅想要它们，你更需要它们。没有它们，你无处可去。没有人或事物可以替代，所以你对它们心存感激。

这并不是说好事总是能够压倒坏事。或者好事是没有代价的。但是，坏事中总会有一些好的东西，即使最初总是难以察觉。

我们可以找到它并因此感到快乐。

Perseverance

毅力

先生们，我对这项事业变得坚定了。我重申，我现在对这项事业更坚定了。

——温斯顿·丘吉尔

奥德修斯[①]经过长达十年的战争终于离开特洛伊，前往伊萨卡，回到家乡。但他不知道前方还有十年的旅途在等待着他。他几乎到达了家乡、看到王后和年幼的儿子，却被风吹回了原地。

他将面临风暴、诱惑、独眼巨人、致命的漩涡和一个六头怪物。他将被囚禁七年，被波塞冬的愤怒所折磨。当然，在伊萨卡，他的敌人在外围游弋，试图夺取他的王国和妻子。

他如何熬过这一切？英雄是如何成功回家的？

当然是靠创造力、机智、领导才能、纪律和勇气。

① 奥德修斯（Odysseus），希腊神话中的英雄、伊萨卡岛的国王、特洛伊战争中的一名勇士。他的故事被写成了史诗《奥德赛》。在特洛伊战争结束后，他和他的船员在回家的途中经历了许多冒险和挑战。——译者注

但最重要的是：毅力。

我们曾谈论过尤利西斯·格兰特在维克斯堡对岸寻找方法来渡河并攻占它的事情。这体现了毅力。奥德修斯站在特洛伊的城门前，尝试了一切，直到特洛伊木马的成功。这也体现了毅力。一切都指向一个问题，直到问题被解决。

但是，经历了长达十年的艰难旅程。经历了失望和错误，奥德修斯并没有放弃。他每天检查自己的方向，试图离家更近一步——而一旦到达家乡，他将面临一系列全新的问题。硬起心肠、准备承受上天的任何惩罚，并且要带着勇气、韧劲完成任务回到伊萨卡？这不仅仅是毅力，这是坚韧不拔。

如果说毅力是用顽强的决心试图处理一些困难问题，并坚持到问题彻底解决，那么许多人可以说是有毅力的。但坚韧不拔是更深层次的东西。这是长期的游戏。重要的不仅是第一轮，还有第二轮和每一轮之后发生了什么，然后是下一场战斗和再下一场战斗，一直到最后。

在德国，有一个词叫作 sitzfleisch，意思是有耐力、有持久力。比如坐在一个位置上不离开，直到完成工作或达成目标。

生活不是只有一个障碍，而是有很多障碍。我们所需要的不是短视地关注问题的单一方面，而是要下定决心，无论以何种方式，我们一定会找到通向目标的道路，没有什么可以阻止我们。

我们将克服每一个障碍——生活中会有很多——直到我们实现目标。毅力是行动，坚韧不拔是意志。一个是能量，另一个是耐力。

当然，它们相互协作。丁尼生的诗里是这样说的：

尽管被时间和命运摧残，身体已经衰弱，但意志依然坚强，
去奋斗、去寻找、去发现，永不放弃。

坚持不懈和坚韧不拔。

纵观人类历史，有许多策略可以克服作为个人和群体所面临的看似无穷无尽的问题。有时解决方法是技术，有时是暴力，有时是一种彻底改变一切的全新思维方式。

我们已经看到了很多这样的例子。但是在所有策略中，有一种比其他所有策略都更有效，且它要承担的责任远大于其他任何策略。在好的和坏的情况下，危险和看似无望的情况下，它都能发挥作用。

当麦哲伦[①]的助手安东尼奥·皮加费塔[②]回忆起麦哲伦最伟大和最令人钦佩的技能时，你认为他会说什么？与航行无关。皮加费塔说，麦哲伦成功的秘诀在于他比其他人更能忍受饥饿。

世界上失败的原因，往往是意志崩溃，而不是客观的、最终的外部事件。

坚韧不拔，目标的力量，不屈不挠的意志，这些品质曾经是美国独特基因的一部分。但是它们已经逐渐削弱。正如爱默生在 1841 年写的：

---

① 麦哲伦（Magellan，1480—1521），葡萄牙探险家、航海家、殖民者，为西班牙政府效力探险。——译者注

② 安东尼奥·皮加费塔（Antonio Pigafetta，1491—1534），意大利旅行家、探险家和学者，意大利罗德会的骑士，是麦哲伦探险船队中环球航行幸存下来的 18 人之一。他是麦哲伦的副手和旅行日记的作者，他在这次旅行中收集了大量的地理、人文和天文信息，这些记录成了 16 世纪最重要的旅行文学之一。——译者注

如果我们的年轻人在他们的第一次尝试中失败了，他们就会失去所有的信心。如果年轻的商人失败了，人们说他前途毁了。如果最出色的天才在我们的大学里学习，但没有在波士顿或纽约市区或郊区拥有一个办公室，那么在他的朋友和他自己看来，他应该感到沮丧并余生都会抱怨。

想想他现在会对我们说什么。他会对你说什么呢?

我这一代人大多数在大学毕业后决定搬回父母家。他们的失业率是美国平均水平的两倍。根据密歇根大学 2011 年的一项研究，许多毕业生甚至都不想费心去学习如何开车。他们说道路那么拥堵，为什么要拿到一张无法使用的驾照呢?

当事情不按我们的意愿发展时，我们会抱怨和消沉。当“承诺”给我们的东西被收回时，我们会感到沮丧，仿佛这不应该发生。但我们很少采取措施，反而待在家里玩游戏、去旅游，或者更糟糕的是，用更多的贷款债务来继续上学，而这些贷款永远不会被免除。然后我们想知道为什么情况没有变得更好。

我们应该更好地去做爱默生文章的反例。做一个愿意尝试不止一件事情的人，“在接下来的几年里，尝试所有的职业，加入某个团队、务农、兜售商品、经营学校、布道、编辑报纸、进入国会、购买一个乡镇等，像猫一样，双脚着地[①]”。

这就是毅力。如爱默生所说：“凭借锻炼自信，新的力量将会显现。”真正的毅力的好处在于，除了死亡，它不会被任何事

① 这是一个俗语，意指一个人总是能够从困境中幸运地走出来，就像猫一样总是能够稳健地着陆，而不会受到太大的伤害。——译者注

情所阻止。引用贝多芬的话："没有屏障能够阻止那些有才华和勤奋的人。"

我们可以绕路，或越过或退后。我们可以决定动力和失败并不是相互排斥的，即使我们在某个特定方向上被阻止，我们仍然可以继续前进，取得进展。

我们的行动可能受到限制，但我们的意志不可能被限制。我们的计划——甚至我们的身体——都可能被摧毁。但是我们对自己有信心吗？无论我们被摧毁多少次，我们都保留着决定再试一次的权力。或者尝试另一条路线。或者，至少，接受这个现实并制定一个新的目标。

如果你仔细想想，决心是无敌的。除了死亡，没有什么能够阻止我们遵循丘吉尔的著名口头禅：KBO①。

绝望？那是你自己的事。当你放弃的时候，没有其他人需要为你负责。

我们不能控制障碍或者设置障碍的人。但我们能够控制自己——这已经足够了。

真正威胁到决心的，不是发生在我们身上的事情，而是我们自己。为什么你要成为自己最大的敌人呢？

稳住，一定能赢。

---

① KBO 是"keep buggering on"的缩写，意思是"继续努力，永不放弃"，通常在面临困境时鼓励人们坚持下去。——译者注

Something Bigger Than Yourself

超越自我的事

一个男人的职责是尽其所能让世界变得更美好——但要记住，结果可能微不足道——与此同时，也要关注自己的灵魂。

——勒罗伊·珀西

1965年，一个名叫詹姆斯·斯托克代尔的美国海军战斗机飞行员在越南北部被击落。当他被弹射出飞机后飘浮在空中的时候，他用那几分钟的时间思考下面等待他的会是什么。囚禁？肯定。折磨？很可能。死亡？也许。谁知道这一切需要多长时间，或者他是否能再次见到自己的家人或家园。

但当斯托克代尔着陆时，那些思考就停止了。他不敢只考虑自己，因为他有一个使命。

斯托克代尔是一名指挥官，他知道自己将成为越南战争中级别最高的海军战俘，也明白自己无法改变命运。但是作为一名指挥官，他可以为他的战友们（包括未来的参议员约翰·麦凯恩[1]）提供领导、支持和指导。他可以改变这种局面，不让历史重演——这将成为他的事业，他将帮助他的战友们。在接下来七年多的时间里，他一直是这样做的，其中的两年他戴着脚镣被单独监禁。

斯托克代尔勇于承担着他作为指挥官的责任。他甚至试图自杀，不是为了结束自己的痛苦，而是向监狱警卫传递一个信息。其他战士在战争中献出了自己的生命，他不会让自己成为反对他们共同事业的工具，从而使他们或他们的牺牲蒙羞。他宁愿伤害自己，也不愿违背自己的意愿来伤害其他人。他向监禁者证明了自己能够抵御任何身体上的威胁。

但他也是人，他理解他的战友也是。他首先抛弃了任何理想化的想法，即士兵在遭受数小时的酷刑后会做出什么样的决定。因此，他在营地内建立了一个支持网络，专门帮助那些因为在压力下被迫泄露信息而感到羞耻的士兵。他告诉他们："我们在一起。"他用一个口号提醒他们：团结高于自我。

约翰·麦凯恩在附近的牢房里做出了基本相同的反应，并且出于同样的原因，他能够忍受无法形容的酷刑。越军一再给麦凯恩提供获释并返回家园的机会，希望他玷污麦凯恩家族的威望和美国的荣誉。但他拒绝了。尽管有个人利益，他也不会

---

① 约翰·麦凯恩（John McCain，1936 — 2018），美国政治家。他曾在美国海军服役，1967 年在越南战争期间被俘。1982 年，麦凯恩当选为亚利桑那州参议员，并一直担任该职位直至去世。他曾两次竞选总统，第一次是在 2000 年共和党总统提名中败给了小布什，第二次是在 2008 年的总统选举中输给了奥巴马。麦凯恩在国会中以跨党派合作、国防和外交政策方面的立场而闻名。——译者注

破坏这项事业。他宁愿留下来接受酷刑。

这两个人不是事业狂热者，他们肯定对越南战争有自己的疑虑。但他们的事业与他们的战友有关。他们关心他们的战友，并通过把他们的安危置于自己的生命之上而获得了巨大的力量。

希望你不会很快发现自己身陷战俘营。但我们正处于经济困难的时期，事实上，有时候我们会感到极端绝望。

你还年轻，这不是你造成的，这不是你的错。我们所有人都遭受了损失。这只会更容易让我们失去自我意识，更不用说我们对他人的感觉了。我们可能会私下里想：我不在乎他们，我必须在为时已晚之前得到我想要的。

特别是当你的领导在关键时刻明确表示，这正是他们对你的感受时。请忽略这一点。就在这一刻，我们必须展现出我们内心真正的意志力量。

几年前，在金融危机中，艺术家和音乐家亨利·罗林斯比千年来的宗教教义更好地表达了我们作为人类的责任和义务的深刻程度：

人们变得有点绝望了。人们可能不会向你展示他们最好的一面。你决不能降低自己的身份，成为一个你不喜欢的人。现在正是展现道德和公民骨气的最好时机。对你这样的年轻人来说，这是一个成为英雄的绝佳机会。

并不是说你需要牺牲自己。你看，当我们关注他人，帮助他们或仅仅为他们树立一个好榜样时，我们的个人恐惧和困扰就会减少。当我们的主要关注点不再是恐惧或心痛时，我们就没有时间去顾及它们。共同的目标给了我们力量。

当我们考虑到会受到该决定影响的人时，打算放弃或者在原则上妥协的愿望突然变得相当自私。当我们面对障碍并感受到了障碍引发的任何反应——无聊、憎恨、挫败或困惑，并不意味着其他人也有同感。

有时候，当我们个人陷入一些棘手或不可能解决的问题时，创造机会或新途径的最佳方式是去思考：如果我不能为自己解决这个问题，我如何能让其他人的境遇有所改善呢？暂且不考虑我们是否能从中获得任何好处，也没有什么是我们可以为自己做的。我们如何利用这种情况来造福他人？我们如何从中挽回一些好处？如果不是为了我，那就是为了我的家人、我的属下或以后可能会陷入类似情况的人。

如果你一直把注意力集中在自己身上，而不考虑它会如何影响他人，那么这并没有为任何人带来帮助。为什么这会发生在我身上？我要怎么做？

当得出这个结论时，你会惊讶地发现绝望感或多或少地得到了缓解。因为现在我们有事情要做了。就像斯托克代尔一样，现在我们有一个使命。在盲目的徒劳无功中，我们得到了行动的指令，我们有了必须完成的事情。

别再老想着“我、我、我”，这只会让你的问题变得更加困难。不要把那个危险的“我”放在事件的前面，比如“我做了这个”“我很聪明”“我拥有那个”“我应该得到更好的”。难怪你会把失败视为个人的失败，难怪你会感到如此孤独。你夸大了自己的角色和重要性。

开始思考：团结高于自我。我们一起面对这个问题。

即使我们不能一直负重前行，我们也会努力去扛起重担。我们将为他人提供服务。通过帮助他人来帮助自己。因此变得更好，并从中找到目标。

无论你正在经历什么，无论什么阻挡了你前进的道路，都可以通过替他人着想来把它转化为力量的源泉。这样一来，你将没有时间去思考自己的痛苦，因为还有其他人在受苦，你需要专注于他们了。

骄傲可以被打破，坚韧也有其局限性。但是帮助他人的愿望呢？任何苛刻、剥夺或辛劳都不会妨碍我们对他人的同情心。同情心始终是一种选择。团结互助也是。这是意志的力量，永远不能被夺走，只可能被放弃。

别再假装你正在经历某种特殊或不公的事情。无论你遇到多么困难的事情，它都不是为了你而特别挑选的独特不幸。它就是它本来的样子。

目光短浅使我们自我欺骗，认为我们自己就是宇宙的中心，这其实对我们自己是有害的。实际上，除了我们个人的遭遇，世界上还有很多拥有更糟糕经历的人。我们并不独特。在生命的不同阶段，我们要承受随机和难以理解的事件。

提醒自己这一点是让我们变得更加无私的另一种方式。

你可以永远记得，十年前、一百年前、一千年前，像你一样的人就站在你现在的位置，感受着非常相似的事情，与同样的思想做斗争。他们不知道你，但你知道他们确实存在。一百年后，也会有人再次处于与你完全相同的位置。

拥抱这种力量，这种作为更大整体的一部分的感觉。这是一个令人振奋的想法。让它包容你。我们都只是在努力生存，同时在为推动世界的进步尽一份微薄之力。

帮助你的同胞茁壮成长和生存，在宇宙吞噬你之前，为宇宙做出一点微小的贡献，并因此而快乐。向别人伸出援手，帮助他们变得坚强，这也会让你变得更加坚强。

Meditate on Your Mortality

思考死亡

当一个人知道他将在两周内被绞死时，他的思想就会非常集中。

——塞缪尔·约翰逊博士

1569年年末，一个名叫米歇尔·德·蒙田的法国贵族从疾驰的马背上摔下。人们认为他已经死亡。

当他的朋友抬着他虚弱且满是血的身体回家时，蒙田观察着生命从自己的身体上溜走，那种感觉不是痛苦，而是像一只跳跃的精灵在“他的唇尖”上翩翩起舞，只在最后一刻又回到了自己的身体里。

这个不寻常的经历标志着蒙田人生改变的那一刻。几年后，他成为欧洲最著名的作家之一。事故发生后，蒙田写了大量受欢迎的散文，他连任了两届市长，作为高级外交官出国访问，并成了国王的亲信顾问。

这个故事就像那个古老的传说。人在濒临死亡时，他会回顾自己的人生，并从这个经历中走出来，成为一个完全不同且更好的人。

蒙田就是如此。这次接近死亡的经历让他变得充满活力，充满好奇。死亡不再是可怕的事情，正视它反而带来了宽慰，甚至是启发。

死亡并不会使人生变得毫无意义，而是因此有了目的。而且，幸运的是，我们不必濒临死亡才能获得这种能量。

在蒙田的散文中，我们看到了一个事实，即我们可以思考死亡——意识到自己的有限性——不让自己变得病态或消极。实际上，他的经历让他与自己的存在建立了一种独特而有趣的关系，并从那时起带给他一种清晰和欣快的感觉。这是令人鼓舞的：这意味着接受自己的脆弱可能会令人振奋并赋予我们力量。

我们对死亡的恐惧是我们生活中的一个巨大障碍。它塑造了我们的决策、观点和行动。

但对蒙田而言，他余生都在回忆和思考那个时刻，尽可能地再现濒临死亡的那一瞬。他研究死亡，讨论它，并了解它在其他文化中的地位。例如，蒙田曾经写过一个古老的饮酒游戏，参与者轮流举起一幅描绘尸体躺在棺材里的画像，然后向它干杯："喝酒，享受生活，因为当你死了，你会变成这样。"

正如若干年以后，莎士比亚在他的《暴风雨》[1]中写道，当他自己也变老时，“我每想三个念头，其中一个就是我的坟墓”。

每种文化都有自己的方式来教授相同的课程：罗马人会提醒自己，“记住你是凡人”。

认为我们会忘记这一点，还需要提醒我们，这似乎很奇怪，但很明显我们确实需要。

我们难以接受死亡的部分原因是我们搞不清楚与自己存在的关系，甚至是完全混乱的。我们可能不会说出来，但在内心深处我们表现得像是无敌的，像是不会受死亡的考验和磨难的影响。我们认为那些事情只会发生在别人身上，而不是我们自己身上。我们还有很多时间。

我们忘记了我们对生命的掌控是多么的微弱。

否则的话，我们也不会花费那么多时间沉迷于琐事，或者试图成名、赚取我们有生之年花不完的钱，或者制定遥远未来的计划。所有这些都被死亡所否定。所有这些假设都预示着死亡不会影响我们，或者至少不会在我们不想要的时候影响我们。托马斯·格雷[2]写道：“荣耀的路，只通向坟墓。”

无论你是谁，无论你还有多少事情尚未完成，总可能会有人为了一些钱、某些东西或因为你妨碍了他们而杀了你。一辆

---

① 《暴风雨》（*The Tempest*）是英国剧作家威廉·莎士比亚晚期创作的一部戏剧，于1611年首次上演。——译者注

② 托马斯·格雷（Thomas Gray，1716—1771），英国诗人、学者和文学评论家。他以诗歌作品而闻名，包括他最著名的作品之一《墓畔挽歌》，这首诗探讨了人类的平等和生命的短暂。——译者注

汽车可能在十字路口撞上你，将你的牙齿砸回你的颅骨里。就这样，一切都将结束。今天，明天，或者很快的某一天。

这是一个老生常谈的问题，如果医生告诉我我得了癌症，我的生活会发生什么改变？然后，我们不可避免地用同样“卑鄙”的谎言来安慰自己：还好我没有得癌症。

但事实上，我们确实有可能得癌症。死亡的诊断对我们所有人来说都是终点。每一秒钟，概率都在蚕食着我们明天还活着的机会；某事即将来临，你永远无法阻止它。为那一天做好准备。

铭记宁静祷文：如果一些事情在我们的掌控之中，那就值得我们付出每一分努力和精力。死亡不是其中之一，我们无法掌控自己活多久或者什么会夺去我们的生命。

但思考和意识到我们的死亡会创造出真正的视角和紧迫性。这不需要沮丧，因为这是激励人心的。

既然这是真实的，我们应该利用它。我们不应该否认，或者更糟糕的是，惧怕我们的死亡，我们应该拥抱它。

每天提醒自己有一天会死亡，有助于我们将时间视为礼物。一个有时间观念的人不会自我沉迷于不可能的尝试，他不会浪费时间抱怨事情没有按照他的预期发展。

他会想办法去做他需要做的事情，在时钟走到最后之前尽可能做更多的事情。当那一刻到来时，他会说：“当然，我希望自己能多活一会儿，但我已经充分利用了我得到的，这也不错。”

毫无疑问：死亡是我们最普遍的障碍。它是我们最无能为力的障碍。最好的情况是，我们希望可以推迟死亡，但即使这样，最终我们仍将屈服于它。

但这并不是说，在我们还活着的时候死亡对我们毫无价值。在死亡的阴影下，我们更容易确定优先事项，更容易展现出优雅、欣赏和坚持我们的原则。一切都在正确的位置和视角中。为什么要做错事？为什么感到害怕？为什么让自己和别人失望？生命很快就会结束；死亡告诉我们，我们不妨好好生活。

我们可以学会适应和接受死亡——这是生命中最后也是最让人谦卑的事实——并在理解这一点时找到宽慰，因为没有什么比它更难了。

所以，如果连我们自己的死亡都可以有一些好处，你怎么敢说你不能从你遇到的每一种障碍中有所收获呢？

Prepare to Start Again

准备重新开始

活在你的祝福中，你的命运已经赢得了胜利。但我们的命运呼唤我们从一个难关走向下一个难关。

——维吉尔

伟大的自然法则是它永不停息，没有尽头。就在你认为你已经成功地克服了一个障碍的时候，另一个障碍出现了。

但这就是让生活变得有趣的原因。正如你开始看到的那样，这创造了机会。

人生就是一个冲破这些障碍的过程——一系列我们必须冲破的坚固防线。

每一次，你都会学到一些东西。每一次，你都会获得力量、智慧和视角。每一次，你所面对的竞争都会少一点。直到最后，只剩下你：最好的你。

正如海地谚语所说：山外有山。

“神秘乐土”[1]是一个神话。人们认为克服一个障碍就能进入没有任何障碍的完美状态是一种神话或不可能实现的想法。

相反，你越是取得成就，越是会遇到更多的阻碍。总会有更多的障碍、更大的挑战。你总是在向上攀爬，习惯它并相应地训练自己。

知道生活是一场马拉松而不是短跑这很重要。保存你的能量。了解每一次战斗只是众多战斗之一，你可以利用它使下一次战斗更容易。更重要的是，你必须以真实的视角看待它们。

通过一个障碍只是说明你值得更多。世界似乎在知道你能够接受挑战后，就不断地抛给你更多的障碍。这很好，因为我们通过每次尝试就会变得更好。

从不慌乱。从不狂躁。总是充满创造力地奋斗和行动。永远都果断。从不试图做不可能的事情——但尽量做到那条线之前的一切。

克服生活抛给你的障碍，将障碍翻转并改善自己，因为有了它们，你变得更好。

因此不再害怕，而是兴奋、愉快地期待着下一轮挑战。

---

① 神秘乐土（Elysium）在古希腊神话中代表着一种天堂或极乐世界。——译者注

Final Thoughts

最后的想法

马可·奥勒留在统治后期身体逐渐不适，临近死亡之时，他收到了一个令人惊讶的消息。他的老朋友和最信任的将领，阿维迪乌斯·卡修斯在叙利亚揭竿而起了。听说皇帝疾病缠身可能已经去世，野心勃勃的卡修斯决定宣布自己为恺撒，强行夺取王位。

马可本应该感到愤怒。如果他想要报复这个敌人，历史也会原谅他。除掉这个背叛他以及威胁他的生命、家人和遗产的人。然而，马可没有采取任何行动，甚至隐瞒了这个消息以防军队被激怒，等待看卡修斯是否能醒悟过来。

但那个人并没有。因此，马可召集了他的士兵，宣布了一个相当重大的消息。他们将征讨卡修斯，并争取获得“战争和胜利的大奖”。当然，因为是马可，所以这个战利品完全不同了。

他们会抓住卡修斯并努力不杀死他，而是“……宽恕一个伤害过你的人，与一个违背友谊的人保持朋友关系，继续对一个背叛了信任的人保持忠诚”。

马可控制了自己的情绪，他没有生气，也没有鄙视他的敌人。他不会口出恶言，不会带入个人情绪。然后他采取了行动——正确而坚定地命令军队前往罗马，安抚惊慌失措的人群，然后出发去做必须做的事情：保护帝国，平息威胁。

正如他告诉下属的，如果他们能够从这场他们不想要的可怕局面中获得一个好处，那就是“妥善解决这件事，并向全人类表明，即使在内战中也有正确的处理方式”。

障碍本身就是道路。

当然，正如经常发生的那样，即使是最善意的计划也可能被其他人打断。对卡修斯和马可来说，三个月后，当一名刺客在埃及刺杀了卡修斯时，他们两人的命运都发生了改变。卡修斯的帝国梦就此结束，而马可最初想要亲自宽恕他的背叛者的希望也破灭了。

但这本身创造了一个更好的机会——在更大范围内练习宽恕。斯多葛主义者喜欢用火来做比喻。马可曾在他的日记中写道：“当火势强大时，它很快会吞噬并燃尽堆积在上面的物质，并借助这种物质上升得更高。”

他的对手意外死亡，马可失去了宽恕这个人的机会，这一切象征着这个比喻。现在，马可将原谅所有参与其中的人。他不会将其个人化。他会成为一个更好的人，一个更好的领导者。

在卡修斯去世后不久，马可抵达了叛乱地区。他拒绝处决任何同谋者，也不起诉任何支持或对起义表达支持的参议员或州长。当其他参议员坚持要求对与叛乱有关的同僚判处死刑时，他只是简单地写道：“我恳求你们，参议院，不要让任何参议员的鲜血玷污我的统治。愿它永远不会发生。”

障碍变成了道路，障碍成了道路。

永远、永远、永远。

是的，不太可能有人会迅速发动“战争”来夺取我们的“王位”。但是人们会发表尖锐的言论，会阻断我们的交通。我们的竞争对手会窃取我们的业务。我们会受到伤害，外部力量会试图阻止我们。不好的事情会发生。

我们甚至可以把这变成我们的优势。一直是这样。这是一个机会。总是这样。

如果我们唯一的选择——正如马可所做的那样——在别人贪婪或渴望权力的时候，只是做一个好人并实践宽恕？好吧，这仍然是一个相当不错的选择。

我相信你已经注意到了，这就是本书每一个故事的核心。

有些东西挡住了去路，他们凝视着它，没有被吓倒。他们倾向于找到自己的问题、弱点或需要克服的事情，他们全身心投入。尽管并不可能总是以他们的意愿或预期的方式克服它，但每个人都变得更好、更强大。

行动之阻推动行动，道路之阻铺就大道。

这是激励人心的。这是令人感动的。这是一门艺术，我们需要将它融入我们的生活。

并非所有人都把障碍视为难以逾越的问题，他们和你我面临相同的障碍，他们中的有些人会看到导致绝望的原因。实际上，他们的看法与常人截然相反。他们看到了现有解决方案存在的问题。他们看到了一个测试和提高自己的机会。

没有什么能阻止他们。相反，一切都指引他们前进。

这样要好得多，不是吗？这种方法具备轻松和灵活性，看起来与我们和大多数人选择的方式非常不同，我们大多数人会因为生活中的挫折、怨恨和沮丧而产生负面情绪。

我们可以带着感激而不是遗憾地看待我们生活中发生的“坏”事情，因为我们把它们从灾难变成了真正的好处——从失败变成胜利。

相信命运并不一定意味着我们认为一切都是命中注定，它同样可以轻易地成为使命与自由。

这些人没有上过什么特殊的学校（对他们许多人来说，他们熟悉斯多葛主义的古老智慧）。他们所做的一切都不超出我们的能力范围。相反，他们发现了每个人都具备的潜能。在逆境的熔炉中经受考验，在试练的熔炉中锻造，他们意识到了这些潜在的力量——感知力、行动力和意志力。

通过这三者，他们：

首先，清晰地看到问题。

其次，正确地行动。

最后，忍受并接受这个世界的现实。

感知事物的本质，不放过任何一种可能，然后坚定地面对并转化那些无法改变的事物。它们之间相互促进：我们的行动让我们有信心忽略或控制我们的感知。我们通过行动证明和支持我们的意愿。

哲学家、作家纳西姆·尼古拉斯·塔勒布把斯多葛哲学家定义为“把恐惧转化成谨慎，把痛苦转化成信息，把错误转化成开始，把愿望转化成承诺”。这是一个随着时间的推移变得更容易的循环。

当然，没有人说你必须一次性做到。玛格丽特·撒切尔直到六十岁才被称为“铁娘子”。有一句拉丁谚语：我们走着走着就会变得更强大（Vires acquirit eundo，又译作“随行聚力”）。这就是生命的运作方式。这是我们的座右铭。

通过掌握这三个纪律，我们拥有了翻转任何障碍的工具。我们值得迎接任何挑战。

当然，仅仅阅读或者说这些话是不够的。我们必须实践这些格言，反复琢磨并行动起来，直到它们变成肌肉记忆。

这样，当我们面临压力和考验时，我们就会变得更好——成为更好的人、领导者和思考者。因为这些考验和压力将不可避免地到来。而且它们永远不会停止。

但别担心，你现在已经为这个充满障碍和逆境的生活做好了准备。你知道如何处理它们，如何扫除障碍，甚至从中受益。你了解这个过程。

你已经学会了这门管理自己的感知和印象的艺术。像洛克菲勒一样，你在压力下保持冷静，不受侮辱和虐待的影响。你在最黑暗的地方看到机会。

你能够充满活力和坚持地指导自己的行动。像狄摩西尼一样，你对自己负责，自学成才，弥补劣势，并追求自己在世界上的正当使命和地位。

你有钢铁一般的意志，拥有伟大而强大的毅力。像林肯一样，你意识到生活是一场考验。这并不容易，但你已经准备好尽一切努力，无论如何都要坚持下去，并激励他人。

有许多其他的实践者，而我们无法列举所有的名字，但他们遇到了同样的问题和障碍。这种哲学理念帮助他们成功地应对了这些问题和障碍。他们在生活的种种挑战面前默默地克服，实际上，正因为如此，他们茁壮成长。

他们没有什么特别的，没有什么是我们不可能做到的。他们所做的很简单（简单，但并不容易）。但让我们再次重申一下，以提醒自己：

看到事物的真实面貌。
做我们能做的事情。
忍受和承受我们必须承受的事情。

现在挡路的障碍就是一条路。
曾经阻碍行动的事情推动行动前进。
障碍就是道路。

Postscript

后记

你现在是一名哲学家了。恭喜你。

成为一名哲学家不仅仅是拥有精妙的思想，甚至不是创立一个学派……而是要解决生活中的一些问题，不仅是理论上的解决，更是实际上的解决。

——亨利·戴维·梭罗[①]

你现在加入了马可·奥勒留、加图、塞涅卡、托马斯·杰斐逊、詹姆斯·斯托克代尔、爱比克泰德、西奥多·罗斯福、乔治·华盛顿等许多人的行列。

这些人都明确地实践和研究斯多葛主义，这是我们确切知

① 亨利·戴维·梭罗（Henry David Thoreau，1817—1862），极具世界影响力的美国作家、思想家、哲学家和社会评论家，超验主义代表人物，19世纪中期美国文坛的代表人物。《瓦尔登湖》等著作和思想对美国文学和文化产生了深远的影响。——译者注

道的。他们不是学者，而是行动者。马可·奥勒留是世界历史上最强大帝国的皇帝。加图是许多哲学家的道德楷模，他从未写下一字，却以斯多葛的勇气保卫着罗马共和国，直到最后死亡。即使是演说家爱比克泰德，也没有安逸的终身教职——他曾是一名奴隶。

据说腓特烈大帝在他的马鞍袋里带着斯多葛学派的著作，因为他曾经说过，它们可以“在不幸中支撑你”。政治家、散文家蒙田在他经常待的书房的梁上刻了一句来自爱比克泰德的话。在乔治·华盛顿17岁的时候，他的邻居给他介绍了斯多葛学派，然后他在福吉谷[①]那个漆黑的冬天为鼓舞士气表演了一出关于加图的戏剧。

托马斯·杰斐逊去世时，他的床头柜上有塞涅卡的一本书。经济学家亚当·斯密有关世界相互关系的理论——资本主义——受到了他在学生时代所学过的斯多葛学派的很大影响，当时他的老师翻译了马可·奥勒留的作品。著名的浪漫主义画家欧仁·德拉克鲁瓦[②]（以他的画作《自由引导人民》而

---

① 福吉谷（Valley Forge），是美国宾夕法尼亚州的一个历史公园，这里曾是美国独立战争期间大陆军的冬季营地，也是美国历史上重要的战略地点之一。在1777—1778年的冬天，由于缺乏衣食住行的必需品，大陆军在福吉谷度过了一个非常艰难的时期，但最终在华盛顿将军的领导下坚持了下来，为美国独立战争的胜利做出了重要贡献。——译者注

② 欧仁·德拉克鲁瓦（Eugène Delacroix，1798—1863），法国著名画家，被认为是浪漫主义绘画风格的代表人物之一。他的作品风格独特，具有强烈的个人表现力和想象力，后世艺术家深受他的影响。——译者注

闻名）是一位热衷斯多葛学派的信徒。曾是挑战过皇帝的奴隶杜桑·卢维杜尔读过并深受爱比克泰德作品的影响。政治思想家约翰·斯图尔特·穆勒[①]在他著名的论著《论自由》中写到马可·奥勒留和斯多葛学派，称它是“古代思想的最高道德产物”。

作家安布罗斯·比尔斯（Ambrose Bierce）是一位在美国内战中表现出色的退役军人，并且与马可·吐温和亨利·路易斯·门肯等同时代人物齐名。他向那些写信请教他的有志作家推荐塞涅卡、马可·奥勒留和爱比克泰德的作品，说这些作品会教他们“如何成为有价值的客人”。西奥多·罗斯福在总统任期后，花了八个月的时间探索（并差点死在）亚马逊的未知丛林，在他带上旅途的八本书中，有两本是马可·奥勒留的《沉思录》和爱比克泰德的《手册》[②]。

英国社会改革家比阿特丽斯·韦伯[③]在回忆录中指出她非常喜爱马可·奥勒留的《沉思录》，称其为“奉献手册”。珀西家族建立了美国著名的南方政治、文学和种植王朝，其中包括

---

① 约翰·斯图尔特·穆勒（John Stuart Mill，1806—1873），英国哲学家、经济学家和政治理论家，也是19世纪自由主义思想的代表人物之一。——译者注

②《手册》（*Enchiridion*）这本书是希腊哲学家爱比克泰德的弟子阿里安编写的关于斯多葛主义伦理建议的简短手册。尽管内容大部分来自《爱比克泰德论说集》（或译为《爱比克泰德语录》），但它不是话语的总结，而是实用戒律的汇编。——译者注

③ 比阿特丽斯·韦伯（Beatrice Webb，1858—1943），英国社会学家、经济学家、社会主义者、劳工历史学家和社会改革家，也是英国工党和英国社会党的创始人之一。她独创了“集体谈判”一词。她是伦敦经济学院的创始人之一，曾参与建立费边社。——译者注

美国参议员勒罗伊·珀西[①]、威廉·亚历山大·珀西[②]（《堤上明灯》的作者）和沃克·珀西[③]（《影迷》的作者），其在1927年的洪水[④]中拯救了成千上万人的生命，并因对斯多葛主义著作的信仰而闻名，认为“即使一切都失去了，它仍然坚挺”。

1908年，银行家、实业家、参议员罗伯特·黑尔·艾夫斯·戈达德（Robert Hale Ives Goddard）向布朗大学捐赠了一尊马可·奥勒留骑马的雕像。大约80年后，俄罗斯犹太裔美国诗人、散文家、诺贝尔文学奖获得者约瑟夫·布罗茨基（Joseph Brodsky）关于罗马那尊马可·奥勒留的原版雕像，在他的著名文章中写道：“如果《沉思录》代表着古代的智慧，那么我们现在看到的只是废墟残迹。”像布罗茨基一样，詹姆

---

① 勒罗伊·珀西（LeRoy Percy，1860—1929），曾担任过密西西比州参议员、美国国务院的代表和美国陆军部的助理部长。他还是著名的教育家和慈善家，为黑人和白人教育提供了大量的资金和支持，并在当时的南方推动了种族和谐的发展。——译者注

② 威廉·亚历山大·珀西(William Alexander Percy，1885—1942)，美国南方作家、诗人和律师。他的家庭在当地拥有巨大的影响力，他的父亲是一位成功的律师和政治家。他的作品《堤上明灯》（*Lanterns on the Levee*）于1941年出版，是一本回忆录，描述了他的家族在南方种植园的经营和美国南方社会在20世纪早期的变革。这本书被认为是美国南方文学和文化史的经典之一。——译者注

③ 沃克·珀西（Walker Percy，1916—1990），美国小说家、文学批评家和哲学家。他的作品通常探索现代社会中的孤独、失落和存在主义主题。其代表作《影迷》（*The Moviegoer*）曾入选20世纪百大英文小说。——译者注

④ 这里指的是美国路易斯安那州和密西西比州于1927年遭受的一场灾难性的洪水，导致许多人死亡和失去家园。珀西家族在此期间进行了广泛的救援工作，挽救了许多人的生命。——译者注

斯·斯托克代尔曾被俘关押——确切地说，他在越南战争中被囚禁了七年半。当他从飞机上跳伞时，他对自己说："我要离开现代科技的世界，进入爱比克泰德的世界了。"

如今，比尔·克林顿每年都会重新阅读马可·奥勒留的著作。畅销书作者和投资者蒂姆·费里斯将斯多葛主义称为他的"操作系统"，并成功地在硅谷推广了这种理念，继承了先驱者的传统。

你可能不认为自己是一位"哲学家"，但这些人中也没有多少人认为自己是。然而，从任何重要的角度来看，他们都是。现在，你也是。你是一个行动者。斯多葛主义的主线贯穿你的生活，就像贯穿他们的生活一样——就像它贯穿历史一样，有时明确，有时不明确。

哲学的本质在于行动——通过思维能力将障碍物颠倒过来。理解我们面临的问题以及问题的本质和更广泛的背景。以哲学的眼光看待事物，并采取相应的行动。

正如本书中所展示的，无数人在不知不觉中体现了斯多葛主义和哲学的最佳实践。这些人不是作家或演说家，他们是实干家——就像你一样。

然而，几个世纪以来，这种智慧已经被自私、孤立的学者夺走，故意掩盖。他们剥夺了我们学习哲学的真正用途：作为应对生活苦难的指南。

哲学从来都不是课堂里发生的事情。它来自生活战场上的一系列教训。

爱比克泰德的名作《手册》的希腊语翻译为"近在咫尺"，

或者像有人说的“在你的手中”。这就是哲学的目的所在：成为你手中的武器，成为你的延伸。它不是你读一次就放回书架上的东西。正如马可曾经写道的那样，它的目的是让我们成为拳击手而不是击剑手——我们只需要握紧拳头，就拥有武器了。

希望这本书以某种微小的方式诠释了这些经验教训，并可以用它们武装你。

现在你是一个哲学家，也是一个行动者。这并不矛盾。

Acknowledgments

致谢

德鲁·平斯基（Drew Pinsky）博士向我介绍了斯多葛主义。我在上大学时，受邀参加了由当时的《情感线》（*Loveline*）节目主持人德鲁博士主持的一次小型学生记者峰会。会议结束后，他站在角落里，我小心翼翼地走过去，紧张地问他是否有什么书籍推荐。他说他一直在研究一位名叫爱比克泰德的哲学家，让我去看看。

回到酒店后，我就在亚马逊上订购了爱比克泰德的书籍以及马可·奥勒留的《沉思录》。由格雷戈里·海斯[①]翻译的《沉思录》先到了我的手上。我的人生自那时起就发生了改变。

我要感谢我的女朋友萨曼莎，我爱她超过任何人。当时，我们才交往了几周，但当她购买了我一直热衷推荐的《沉思录》

① 格雷戈里·海斯（Gregory Hays），美国学者，普林斯顿大学教授，主要研究领域包括古希腊哲学、伦理学、政治哲学和文学。他的作品被广泛认为是英语世界中最好的古典著作之一。——译者注

时，我就知道她很特别。多年来，她忍受了我许多私人的，坦白说并不坚忍的时刻，仅此一点，她就值得额外的赞誉。谢谢她陪我一起散步，在这期间我可以想到什么就说什么。我还要感谢我的狗狗汉诺，虽然她看不懂这段话——因为她时刻提醒着我活在当下，享受纯粹而真诚的喜悦。

如果没有尼尔斯·帕克（Nils Parker），你刚刚阅读的这本书是不可能完成的，是他的编辑工作以及与他长时间的讨论塑造了这本书。如果没有我的经纪人斯蒂芬·汉塞尔曼（Stephen Hanselman）推动这本书出版，和我的编辑尼基·帕帕多普洛斯（Niki Papadopoulos）相信这本书并为此而战，这本书就不会存在，因为这本书相对于我的第一本书是一个彻底的转变。感谢阿德里安·扎克海姆（Adrian Zackheim）给了我机会，并将我的作品在 Portfolio 出版社出版。

我需要感谢我的导师罗伯特·格林，他不仅资助了我许多图书，还教会了我如何精心构思和写书。他对我的草稿的批注非常宝贵。

感谢亚伦·雷（Aaron Ray）和塔克·马可斯（Tucker Max），他们向我展示了哲学生活和生活实践并不矛盾。特别感谢塔克，他鼓励我阅读（并告诉我要跟着爱比克泰德读马可·奥勒留。我找到了一些古老的电子邮件，在读完后我向他问了无数个问题）。特别感谢亚伦，他把我从学校里拉了出来并迫使我生活在现实世界中。感谢蒂姆·费里斯在 2009 年鼓励我为他的网站写关于斯多葛主义的文章，多亏了我们在阿姆斯特丹的长谈，为本书提供了很好的补充。

我要感谢吉米·索尼（Jimmy Soni）和罗布·古德曼（Rob Goodman）的优秀批注（以及有关加图的书籍），感谢肖恩·科因（Shawn Coyne）提出的三部分结构的建议，感谢布雷特·麦凯（Brett Mckay）推荐的书籍，以及马蒂亚斯·迈斯特（Matthias Meister）在巴西柔术方面的见解和指导。感谢加兰·罗比内特（Garland Robinette）、艾米·霍利迪（Amy Holiday）、布伦特·安德伍德（Brent Underwood）、迈克尔·滕尼（Michael Tunney）的想法和反馈。

除了资源之外，我还要深深感谢许多其他人和作家，他们向我介绍了一些相关的故事和智慧，我将许多内容转移到了我的这本书中，并对其中的教训感到敬畏。我认为这本书是比我更好、更聪明的人的思想和行动的集合。我希望你们以同样的方式阅读它，并相应地给予那些给我们提供帮助的人应得的荣誉。

我必须感谢美国国家艺术俱乐部（National Arts Club）、洛杉矶运动俱乐部酒店（Los Angeles Athletic Club）、纽约公共图书馆（New York Public Library）、加利福尼亚大学河滨分校（University of California, Riverside）的图书馆，以及我撰写和研究这本书所在的许多不同的星巴克和飞机航班。

现代斯多葛书系

“勇气、智慧、正义与节制”这四大美德，展现了两千多年前哲学家们的生活品格，他们用朴素的话语塑造了人们的世界观。